Die

Württembergische Schwarzwaldbahn

von

Stuttgart bis Nagold.

Mit besonderer Rücksicht auf Calw

unter Mitwirkung von

Dr. E. Schüz in Calw

bearbeitet

von

Ed. Fr. Hochstetter,

Pfarrer in Althengstett.

———— ✳ ————

**Mit einem Längenprofil, einer Karte der Bahn und einem Grundriß
der Hirsauer Klosterkirche.**

Stuttg
Druck und Verlag von W. Kohlhammer.
In Kommission bei Levy & Müller.
1872.

Wir danken folgenden Institutionen für die freundliche Unterstützung, die uns den dritten Nachdruck ermöglichten:

Stadt Calw

Landkreis Calw

Kreissparkasse Calw

Die im Text vorkommende Entfernungsbezeichnung "Stunde" stellt ein Längenmaß dar. Das Zeichen –'– ist die Abkürzung für "Fuß".

1 Poststunde = 13 000 Fuß = 3,62 km

1 Fuß oder 1 Schuh = 28,649 cm

1 württ. Morgen = 0,315175 ha

Vordere Umschlagseite:

Stationsgebäude Calw, um 1880. Foto: Sammlung Bahnhof Nagold

Hintere Umschlagseite:

Stahlfachwerkbrücke über die Nagold am Krappen bei Calw, noch vor der Eröffnung 1872. Foto: Sammlung Greiner

Nachdruck 2002 durch
Verein zur Erhaltung der Württ. Schwarzwaldbahn e. V., Calw
Druck: Großmann & Mehring, Calw

Verlag Kreissparkasse Calw
ISBN 3-928 116-04-5

Vorwort zur 3. Auflage

1872 wird das Teilstück Weil der Stadt – Calw der "Württembergischen Schwarzwaldbahn" von Stuttgart nach Nagold eröffnet, was für den Nordschwarzwald einen heute kaum vorstellbaren Aufschwung bedeutet. Der Althengstetter Pfarrer Hochstetter bringt mit Hilfe seines Calwer Freundes Schüz einen "Reiseführer" heraus, der dem Bahnreisenden die Sehenswürdigkeiten entlang der Bahnstrecke beschreibt.

115 Jahre später, 1987, gründet sich der "Verein zur Erhaltung der Württembergischen Schwarzwaldbahn e. V." (WSB), um den Landkreis Calw in seinen Bemühungen um die Wiederinbetriebnahme der inzwischen gesperrten Gleise zwischen Calw und Weil der Stadt zu unterstützen. Dazu zählen auch die Untersuchungen des Landesdenkmalamtes Baden-Württemberg, die Denkmalwürdigkeit dieser Bahn festzustellen.

Durch glückliche Umstände gelangt die WSB im November 1990 in den Besitz eines Hochstetter-Schüz'schen Exemplars, dessen originalgetreuer Nachdruck nun vorliegt.
Neben allen anderen gilt unser besonderer Dank Herrn Siegfried Greiner. Er stellte die zeitgenössischen Aufnahmen aus dem Handexemplar des Mitverfassers Dr. Schüz zur Verfügung, deren Wiedergabe der damalige Stand der Drucktechnik nicht erlaubte.

Der WSB hofft, daß das Büchlein dem historisch wie aktuell interessierten Besucher von Calw, Hirsau und den anderen beschriebenen Orten ebenso nützlich sein wird wie eine wiedererstandene Württembergische Schwarzwaldbahn für die Zukunft unserer Region.

Calw, im Sommer 2002

Hans-Ulrich Bay
1. Vorsitzender des WSB e. V.

Ortsregister.

~~~~~~~

Wie schnell geht's auf der Eisenbahn,
Noch schneller auf der Lebensbahn
Zur Ewigkeit!

(Inschrift bei Eröffnung der ersten Strecke.)

Wir fahren von Stuttgart auf der Hauptbahn durch den Pragtunnel nach Feuerbach. Hier sollte nach dem ursprünglichen Plan die Schwarzwaldbahn abzweigen. Mehrfache Gründe entschieden aber dafür, die Schwarzwaldbahn erst auf der nächsten Station in Zuffenhausen abzweigen zu lassen. Und so fahren wir noch die kurze Strecke bis Zuffenhausen auf der Hauptbahn. Hier beginnt die eigentliche Schwarzwaldbahn. Sie zerfällt in drei Abschnitte:

1. **Zuffenhausen bis Weil der Stadt.** Die Bahn durch das Strohgäu, 7 Stunden.

2. **Weil der Stadt bis Calw.** Uebergang vom Gäu zum Schwarzwald, 6 Stunden.

3. **Calw bis Nagold.** Die Bahn im Schwarzwald durch das Nagoldthal, 5 Stunden.

1. Die Bahn von Zuffenhausen bis Weil der Stadt.
(7 Stunden.)

Die Bahn führt durch das Strohgäu, ebene fruchtbare Gegend im Gebiet der Lettenkohle und des Muschelkalkes. Zur Linken bewaldete Hügelketten, die nördlichen Ausläufer des Schönbuchs. Die meisten Kunstbauten sind zwischen Ditzingen und Leonberg, im Glemsthal. Die Strecke von Zuffenhausen bis Ditzingen wurde 23. September 1868 eröffnet, die weitere Strecke bis Weil der Stadt am 1. Dezember 1869. Stationen: Zuffenhausen, Kornthal, Ditzingen, Leonberg, Renningen, Weil der Stadt, alle zum Oberamt Leonberg gehörig, ausgenommen Zuffenhausen, Oberamt Ludwigsburg.

Station **Zuffenhausen.** Der sehr gefällige Bahnhof steht zwischen der Hauptbahn und der Schwarzwaldbahn und bildet

1

eine sogenannte Inselstation. Er wurde bei Anlegung der
Schwarzwaldbahn neu gebaut. Der frühere Bahnhof Zuffen=
hausen steht weiter gegen Ludwigsburg und wird jetzt als
Bedienstetenwohnung benützt. Die Schwarzwaldbahn führt auf
der westlichen Seite des Bahnhofs (von Stuttgart her links)
vorüber, macht dann gleich einen weiten Bogen und mündet
in das nach Kornthal führende Seitenthal ein. Zur Linken
sehen wir auf waldiger Anhöhe die Schlotwiese. Hier stand
früher ein Jagdschlößchen und eine Försterwohnung. Ersteres
wurde 1818 abgebrochen. Aus der Försterwohnung wurde
eine Kleinkinder=Rettungsanstalt der Gemeinde Kornthal 1828
bis 1846. Als diese nach Kornthal verlegt wurde, kauften die
Fabrikanten Schüle und Schrade die Gebäude und Güter und
errichteten eine Baumwollesammt= und Manchester = Fabrik.
Ferner haben wir zur Linken die Schwieberdinger Straße und
fahren bald unter derselben durch. Zwischen Wald auf der
Anken und Feld auf der rechten Seite steigt die Bahn bis zur
Station Kornthal. Kurz vor dieser durchschneiden wir die
bekannte Allee, welche von der Solitude herab schnurgerade nach
Ludwigsburg führt und von Herzog Karl angelegt wurde.
Diese Allee wurde als Basis zur Landesvermessung gewählt
und 1820 unter Professor Bohnenberger mit größter Genauig=
keit gemessen. Der Mittelpunkt des Schlosses Solitude ist der
Anfang der ganzen Vermessung des Landes.

Station **Kornthal,** zwischen Kornthal und Weil dem Dorf.
Kornthal, evangelisches Pfarrdorf mit 1245 Einwohnern*), war
früher ein ritterschaftlicher Hof, seit 1819 eine Gemeinde, ge=
gründet von Bürgermeister Hoffmann in Leonberg, mit eigener
Kirchenordnung, Disciplin, Liturgie und Gebräuchen. Die Ge=
meinde ist von der Aufsicht des K. Consistoriums befreit, ihre
religiöse Verfassung steht aber unter der Oberaufsicht des
K. Ministeriums des Kirchen= und Schulwesens. Als im
Jahre 1816 viele evangelische Familien theils wegen des neuen
Kirchenbuches und neuen Gesangbuches, theils getrieben von

---

*) Die Zahl der Einwohner ist nach der Zählung der ortsanwesenden
Personen vom 1. Dezember 1871 angegeben. Es sind also bei Kornthal
auch die Zöglinge der Anstalt, bei Orten, wo noch an der Bahn gebaut
wurde, auch die Eisenbahnarbeiter gerechnet.

der Theurungsnoth nach Südrußland auswanderten, erließ die
K. Regierung am 24. Februar 1817 ein Ausschreiben an die
obrigkeitlichen Stellen im Lande, worin diese angewiesen wur=
den, die Auswanderer vor der Gefahr zu warnen, in welche
sie sich durch unüberlegte Auswanderung bringen. Dies gab
dem Bürgermeister Hoffmann in Leonberg den Anlaß, der
K. Regierung vorzustellen, es könnte ein großer und vermög=
licher Theil der Auswanderer, welche sich nicht zur Annahme
des neuen Kirchenbuches entschließen konnten, von ihrem Vor=
satze abgehalten werden, wenn ihnen die Anlegung eigener
Gemeinden im Königreich gestattet würde, wie solche der Brü=
dergemeinde in Königsfeld vor wenigen Jahren, zur Zeit als
solches noch zu Württemberg gehörte, zugestanden wurde. Zu=
gleich erklärte sich Hoffmann bereit, wenn man auf diesen Vor=
schlag eingehe, näher den Plan solcher Gemeindegründung und
die Namen derer, welche sich dadurch zurückhalten ließen, anzu=
geben. Hoffmann erhielt bald darauf die Weisung, seinen Plan
näher zu entwickeln, es dauerte aber noch 1 ½ Jahre, bis nach
mehrfachen Verhandlungen am 1. Oktober 1818 die definitive
Genehmigung zur Anlegung von Gemeinden erfolgte. Nun
handelte es sich um den geeigneten Ort zur Anlegung der ersten
Gemeinde. Mehrere Versuche schlugen fehl. Da wurde das
Rittergut Kornthal von dem Grafen von Görlitz zum Kaufe
angeboten mit der Erklärung: Es kostet mich großen Kampf,
eine Besitzung hinzugeben, an welche mich die werthesten Er=
innerungen des Lebens knüpfen. Aber Ihre Zwecke sind gut,
darum hoffe ich auch, es wird der Segen darauf ruhen. So
wurde denn 1819 das Rittergut dem Grafen von Görlitz und
dem Freiherrn von Münchingen um 115,000 fl. abgekauft.
Anfangs waren es 68 Familien. Am 9. Juli 1819 wurde
der Grundstein zum jetzigen Betsaal gelegt, welcher in der Mitte
des etwa 150 Gebäude zählenden Dorfes steht. Der Ein=
weihung am 7. November 1819 wohnten gegen 8000 Menschen
bei. Im Jahre 1869 fand die 50jährige Feier der Gründung
der Gemeinde statt. In der Gemeinde bestehen eine Knaben=
anstalt unter Inspektor Pfleiderer mit einer humanistischen und
realistischen Abtheilung, eine Töchteranstalt unter der Leitung
des Geistlichen (Pfr. Staudt), zwei Kinderrettungs=Anstalten
für größere und kleinere Kinder, ein Wittwenhaus.

Gleich nach der Station Kornthal sehen wir links den Ort Weil dem Dorf (Weilemdorf gesprochen). Zugleich öffnet sich die Aussicht auf die Solitüde und auf die Hügelkette der Solitüde, welche sich bis zum Engelberg bei Leonberg hinzieht und der Keuperformation angehört. Herzog Karl erbaute das Lustschloß Solitüde 1763—67 im Rokokostil. Eine mit Schiefer gedeckte Kuppel erhebt sich über dem Mittelbau, welchem sich zwei Flügel anschließen. Hier legte Herzog Karl 1770 den Grund zu der berühmten Karls-Akademie, aus welcher so mancher bedeutende Mann hervorging; 1775 verlegte er sie nach Stuttgart. Am Fuße der Hügelkette liegt der Berkheimer Hof und das ansehnliche Pfarrdorf Gerlingen. Die Wasser, welche die Hügelkette entsendet, sammeln sich zum Lauterbach, welcher zwischen Kornthal und Ditzingen von der Bahn überschritten wird und weiterhin in die Glems mündet.

Station **Ditzingen.** Evangelisches Pfarrdorf mit 1360 Einwohnern, ein sehr alter Ort, kommt schon im Jahre 769 vor. Vor der Reformation war der Ort kirchlich in zwei Theile getheilt. Der größere, auf dem rechten Ufer der Glems gelegene Theil, gehörte zum Bisthum Constanz, der kleinere Theil auf dem linken Ufer zum Bisthum Speyer. Die Glems bildete also die Grenze zwischen beiden Bisthümern. Jeder Theil hatte seine eigene Kirche, welche beide noch stehen und noch die Constanzer und Speyrer Kirche heißen. Beide sind gothisch und stammen aus dem 15. Jahrhundert. Die Constanzer Kirche, von der Bahn aus die nähere, mit schönem Chor, wird als Pfarrkirche gebraucht. Im Chor stehen sehr alte, sehenswerthe Schnitzarbeiten aus hartem Holz. Auch Glasmalereien und einige schöne Grabsteine (von Hof, von Januwiz) sind beachtenswerth. Der schlanke, viereckige Thurm hat ein sehr spitziges Zeltdach, 1871 neu mit Schiefer bedeckt. Die Speyrer Kirche liegt auf dem Gottesacker, am nördlichen Ende des Dorfs, ist kleiner als die Pfarrkirche, aber architektonisch merkwürdiger, besonders durch ihr Gewölbe. Der Thurm steht zwischen dem Chor und Langhause. An der Straße nach Münchingen liegt das Schloß, der Familie von Münchingen gehörig. An derselben Straße befindet sich unter der Pfarrhausthüre in der Mauer eine eiserne Tafel zwischen Tannen, zum Gedächtniß der 1870 gefallenen Soldaten von Ditzingen. In Ditzingen

wurde 16. Dezember 1786 geboren Konrad Kocher, Stifts=
organist in Stuttgart, † 12. März 1872, berühmter Kenner
der Kirchenmusik und Liederkomponist.

Von Ditzingen beginnt der Theil der Bahnstrecke, welcher
für den Bau mehr Schwierigkeiten bot und jetzt durch die
Kunstbauten, sowie durch die Gegend die Aufmerksamkeit auf
sich zieht. Die Bahn führt von hier durch das Glemsthal und
steigt bis Leonberg, etwa 1¾ Stunden weit. Auffüllungen
und Einschnitte wechseln miteinander. Die erste Brücke über
die Glems, 55' hoch über der Thalsohle, führt auf das linke
oder nördliche Ufer der Glems. Besonders schön ist die Fahrt
bei Höfingen, links unten das stille Glemsthal, in welchem
einige Mühlen liegen, rechts oben auf dem Berge, welchem die
Bahnlinie abgerungen ist, der Ort Höfingen mit dem alten
Schloß, eine Schleglerburg, welche Graf Eberhard der Milde
1395 zerstörte, nachdem er die Schlegler bei Heimsheim ge=
fangen genommen. Hans Truchseß von Höfingen gehörte auch
zu den Schleglern, daher Eberhard von Heimsheim aus als=
bald auf die Burg Höfingen losging. Jetzt ist das Gebäude
nebst Gütern im Besitze des Freiherrn von Varnbüler. Der
viereckige, mit Schießscharten versehene Thurm der Pfarrkirche
trägt ein hohes Zeltdach. Nach einem Einschnitt von 80' Tiefe
überschreitet die Bahn die Straße nach Rutesheim auf schiefer
eiserner Blechbalkenbrücke, worauf die zweite Glemsbrücke mit
50' Höhe folgt. Zur Linken erscheint mehrmals der Engelberg
1676' (484 m.) mit seinem Thurme und verschwindet wieder.
Derselbe zeigt uns die Richtung von Leonberg an. Diese Stadt
selbst wird zuerst von der Nordseite sichtbar, verschwindet für
kurze Zeit und zeigt sich dann etwas näher von der Westseite.
Hauptsächlich treten hier die Kirche und das alte Schloß her=
vor. — Bald darauf kommen wir zur

Station **Leonberg,** 10 Minuten von der Stadt entfernt.
Leonberg, evangelische Oberamtsstadt mit 2061 Einwohnern.
Die Kirche mit hohem Mittelschiff und zwei Seitenschiffen stammt
aus der Uebergangszeit vom romanischen zum gothischen Stil.
In derselben geschah am 15. September 1649 eine wunder=
bare Heilung an einem 26jährigen Mädchen, deren Füße neun
Jahre lang zusammengebogen waren, so daß sie an Krücken
gehen mußte. Als sie einer Predigt über den barmherzigen

Samariter zugehört hatte, bei welcher gerade auch Herzog
Eberhard III. anwesend war, konnte sie plötzlich wieder auf
ihre Füße stehen, stellte ihre Krücken weg und wurde unter
dem Lobe Gottes vom Geistlichen in die Mitte der Kirche
geführt. Auf des Herzogs Befehl wurde acht Tage nachher
eine Dankpredigt gehalten. — Das Schloß, in welchem jetzt
das Oberamtsgericht und Kameralamt ist, wurde von Herzog
Christoph fast ganz neu erbaut. Im früheren Schlosse starb
1. September 1480 Graf Ulrich, der Vielgeliebte. Das jetzige
Schloß diente als Wittwensitz für die Wittwe des Herzogs
Friedrich, später für die Wittwe des Herzogs Administrator,
Julius Friedrich. Im 30jährigen Kriege wurde in diesem
Schlosse die Uebergabe der Stadt Augsburg an den kaiserlichen
General Gallas, 13. März 1635, unterzeichnet. Dieser soge=
nannte Leonberger Akkord war für Augsburg die Quelle un=
zähliger Leiden. Für Württemberg hat Leonberg noch besondere
Bedeutung durch den ersten Landtag, welcher hier 1457 im
Vormundschaftsstreit zwischen Graf Ulrich, dem Vielgeliebten,
und dem Pfalzgrafen Friedrich gehalten wurde. — Das
Diakonathaus ist die Wiege dreier ausgezeichneter Gelehrten,
deren Väter als Diakone unmittelbar aufeinander folgten:
Professor und Kirchenrath Paulus in Heidelberg, geboren 1761;
der Philosoph Schelling, geboren 1775, und der durch natur=
wissenschaftliche Kenntnisse ausgezeichnete, früh verstorbene Pro=
fessor Hochstetter in Bern, geboren 1781. Auch dürfen wir
des Mannes nicht vergessen, der einen Theil seiner Jugend
hier zubrachte und die lateinische Schule besuchte, Johannes
Kepler.

Die Station Leonberg wird von der Glems in einem
Bogen umflossen; die Bahnlinie bildet die Sehne des Bogens.
Wir kommen daher gleich nach der Station wieder über eine
Glemsbrücke. Dann verläßt die Bahn das Glemsthal und
folgt eine Strecke weit dem Wasserbach, welcher von Rutes=
heim her der Glems zufließt. Auch hier haben wir einen
bewaldeten Hügelzug der Keuperformation zur Linken, einen
nördlichen Ausläufer des Schönbuchs. Am Fuße desselben liegt
das große Dorf Eltingen, Geburtsort von Keplers Mutter.
Der Zug endet mit der Maisenburg, von welcher noch Gra=
ben, Wall und ein Gewölbe vorhanden sind. Die Bahnlinie,

welche fortwährend steigt, erreicht bei Renningen die Wasser=
scheide von Glems und Würm.

Station **Renningen,** halbe Viertelstunde vom Orte ent=
fernt, 1424' (408 m.) über dem Meere. Renningen, evan=
gelisches Pfarrdorf mit 1860 Einwohnern. Dem alten vier=
eckigen Thurm wurde 1835 ein achteckiges Stockwerk in gothi=
schem Stile aufgesetzt. Auf demselben erhebt sich ein hohes
Zeltdach mit Blech bedeckt. Nordöstlich vom Orte werden fein=
körnige Keuperwerksteine gebrochen, welche sehr gesucht sind und
in der ganzen Umgegend zum Bauen verwendet werden. Süd=
westlich liegt jenseits des Bergrückens der Jhinger Hof, der
Familie von Vischer gehörig. — Von Renningen fällt die
Bahn eine Stunde lang bis zur Würmbrücke. Zuerst führen
drei kleinere Brücken über den Rankbach, welcher durch das
rechts neben der Bahn liegende Dorf Malmsheim fließt und
in die Würm mündet. Der Malmsheimer Einschnitt, zwischen
dessen 90' hohen senkrechten Wandungen wir jetzt durchfahren,
machte seiner Zeit viel Arbeit. Es folgen noch zwei kleinere
Einschnitte und wir kommen zu der Würmbrücke mit zwei
Oeffnungen von je 120' Lichtweite, in eisernem Fachwerk.
Dann steigt die Bahn noch eine kurze Strecke bis zur Station
Weil der Stadt, 1404' (402 m.) über dem Meere. Wir
haben zur Linken die Stadt Weilderstadt, zur Rechten das
ansehnliche evangelische Dorf Merklingen mit 1332 Einwoh=
nern, wo bis zum Jahre 1806 ein Kloster=Oberamt war mit
den Orten Simmozheim, Hausen, Gechingen, Alt= und Neu=
Hengstett.

Weil der Stadt, gewöhnlich Weilerstadt ausgesprochen.
Der Name wird auch Weil die Stadt geschrieben, was aber
unrichtig ist, er ist entstanden aus: z'Weil der Stadt. — Weil
der Stadt, katholische Stadt mit 1824 Einwohnern, war früher
freie Reichsstadt und kam 1803 an Württemberg. Sie trägt
noch durch ihre Mauern und Thürme das Gepräge einer alten,
befestigten Stadt; in ihrer Mitte ragt die hochgelegene ansehn=
liche Peter= und Paul=Kirche mit drei Thürmen hervor. Es
lohnt sich, die Stadt nicht blos vom Bahnhof aus zu sehen,
sondern auch in dieselbe einzutreten. Die Hauptstraße führt
uns bald auf den Marktplatz. Hier steht das Denkmal des
Astronomen Johannes K e p l e r, enthüllt am Johannisfeiertag,

24. Juni 1870. Kepler aus Erz gegossen, in sitzender Stellung, hat den Blick gen Himmel gerichtet, der linke Arm ruht auf einem Himmelsglobus, die Hand hält ein Pergament, der rechte Arm liegt auf dem rechten Fuß und hält mit der Hand einen geöffneten Zirkel. Der Unterbau aus feinem Sandstein hat vier Nischen, in welchen fast lebensgroß vier Statuen stehen: die beiden Astronomen, Kopernikus, in der Tracht eines Domherrn, und Tycho de Brahe, in spanischer Tracht; ferner der Professor der Mathematik in Tübingen, Mästlin, der Lehrer Keplers, und der Mechaniker Jobst Byrg, von welchem Kepler seine Instrumente hatte. Unten sind zwischen den Pfeilern vier Reliefs angebracht: vornen Urania, die Muse der Sternkunde, durch den Himmel fliegend, Ueberschrift: Astronomia. Auf der Seite gegen das Rathhaus: Kepler im Hörsaal von seinem Lehrer Mästlin eingeführt: Physica. Hinten: Kepler in der Werkstätte seines Freundes Byrg, durch ein Fernrohr schauend: Optica. Auf der Seite gegen den Löwenbrunnen: Kepler im Arbeitszimmer zu Prag von Kaiser Rudolph II. besucht: Mathematica. — Das Denkmal wurde von Direktor A. v. Kreling in Nürnberg entworfen und modellirt und in der Erzgießerei der Gebrüder Lenz-Heroldt daselbst gegossen. Der Entwurf des Unterbaues ist von Oberbaurath v. Egle. — In der Nähe des Keplerdenkmals sehen wir das Keplerhaus, in welchem Johannes Kepler am 27. Dezember 1571 geboren wurde. Wenigstens spricht die größere Wahrscheinlichkeit für Weil der Stadt und nicht für den benachbarten Ort Magstatt. Dagegen mag er in Magstatt getauft worden sein, da seine Eltern protestantisch waren und in Weil der Stadt keine protestantische Kirche sich befand. In Keplers viertem Lebensjahr zogen seine Eltern nach Leonberg, wo er die Schule besuchte. Die drei berühmten Kepler'schen Gesetze betreffen den Umlauf der Planeten um die Sonne. Das Grundgesetz, das er zuerst fand, ist: alle Planeten bewegen sich nicht in Kreisen um die Sonne, sondern in Ellipsen (länglich runden Bahnen), in deren einem Brennpunkte die Sonne steht, die beiden andern Gesetze bestimmen diese Bahnen noch genauer. Seine mathematischen und astronomischen Schriften sind neuestens in 8 Bänden von Dr. Frisch herausgegeben worden. Er starb nach einem wechselvollen Leben, 59 Jahre alt, 15. No-

Weil der Stadt von südost gesehen

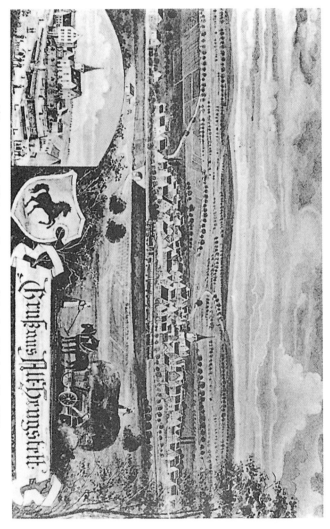

Althengstett mit stilisiertem Zug; ganz links der Bahnhof. Um 1900.

vember 1630 zu Regensburg, wohin er eine Reise gemacht hatte, um dem versammelten Reichstag seine Bitte um Auszbezahlung seines längst verdienten Gehaltes vorzutragen. — Weil der Stadt ist ferner der Geburtsort unseres württembergischen Reformators Johannes Brenz, geboren 24. Juni 1499, als der Sohn des damaligen Bürgermeisters. Er studirte in Heidelberg die Theologie, hörte dort 1518 die Disputation Luthers über die „Rechtfertigung aus Gnaden" und wurde darauf mit Luther persönlich bekannt. Als Prediger nach Schwäbisch Hall berufen, führte er dort die Reformation ein; wurde von Herzog Ulrich zur Reformation der Universität Tübingen beigezogen und zuletzt von Herzog Christoph an die Spitze der württembergischen Kirche gestellt, um das angefangene Werk der Reformation zu vollenden. Wie er oft wunderbar den Händen seiner Feinde entgangen, ist bekannt. Er starb als Stiftsprediger in Stuttgart 1570. Sein Geburtshaus, in der Nähe der Spitalkirche, ist neuerdings von dem Brenz=Comité angekauft worden, um dasselbe zu Ehren des Reformators wieder in besseren Stand zu setzen. — Aus neuerer Zeit ist noch zu nennen: Joseph Anton Gall, geboren zu Weil der Stadt 1748, Domherr in Wien, und durch Kaiser Josef II. zum Bischof in Linz ernannt 1788, machte sich besonders um das Schulwesen verdient, gestorben 1807. Der durch seine Schädellehre berühmte Franz Joseph Gall stammt aus derselben Gallischen Familie; sein Großvater war aber von Weil der Stadt nach Tiefenbronn gezogen. Er verdankte seine Ausbildung dem Bischof Gall, welcher den jungen Vetter nach Wien kommen und auf seine Kosten unterrichten ließ. Das Gallische Familienhaus steht auf dem Marktplatz. Ferner: Med. Dr. Burkhard Eble, Professor der Anatomie am Josephinum in Wien, geboren 1799, gestorben 1839, Verfasser eines berühmten Werks über die Haare.

Vom Marktplatze haben wir nur wenige Schritte zur Peter= und Paul=Kirche. Auf dem Wege dorthin bemerken wir am Rathhause das Stadtwappen mit drei Schilden: ein schwarzer Adler, zwei gekreuzte Schlüssel und die Buchstaben: S. P. Q. R. (Senatus Populus que Romanus). Die Kirche ist aus buntem Sandstein im gothischen Stile im 15. Jahrhundert gebaut worden. Die Strebepfeiler um Kirche und Chor laufen

in schönen Fialen (Spitzsäulen) aus. Zwischen den Strebe=
pfeilern sind ziemlich breite spitzbogige Fenster mit neuen runden
Scheiben. Der südliche Eingang, die sogenannte Ehethüre,
bildet eine Vorhalle mit schönem Netzgewölbe; am Portal selbst
ist zu beiden Seiten Petrus und Paulus als Brustbild in
Stein ausgehauen. Neben dem Portal die Inschrift: A. dom.
1492 Innocentio nono, summo pontifice, Friderico duce
Austriae Romano imperatore et Maximilian filio ejus eorun-
dem rege, secunda feria post Invocavit hujus ecclesiae
renovatae primus lapis positus est. Der Hauptthurm, wel=
cher an der Westseite an eine schmale Straße stößt, ist in
seinen vier unteren Stockwerken ohne allen architektonischen
Schmuck, auf den oberen Ecken stehen Fialen. An der Süd=
seite des Thurms steht in Mannshöhe eine Inschrift in gothi=
schen Minuskeln: Hainrich von Heimheim leit den ersten Stain
an diesen Thurm und sin Sun den andern Stain. Die beiden
kleineren Thürme zu beiden Seiten des Chors rühren noch von
der früheren Kirche her und sind im romanischen Stile des
12. Jahrhunderts. Sie haben äußerst schmale, gedrückt spitz=
bogige Fenster und rings unter dem Dach umlaufende Rund=
bogenfriese. Das Innere der Kirche wurde neuestens von
Oberbaurath v. Egle restaurirt. Je drei glatte neue Säulen
trennen das Hauptschiff von den Seitenschiffen. Die Decke,
welche ursprünglich spitzbogig gewölbt, später flach getäfert war,
hat nun wieder ein schönes Gewölbe bekommen. Unter den
Grabsteinen, welche bisher in der Kirche waren, jetzt außen,
ist merkwürdig einer mit der Umschrift: A. dom. 1388 am
St. Bartholomäi Abend ist Anshelm Reinhardt in dem Streit
vor Töffingen erschlagen worden, deß Hußfraw war Adelheit
Schultheißen. Auf dem Wappen sind drei Helme. — Die
andere Kirche, die Spitalkirche, an der östlichen Stadtmauer,
ist von keiner architektonischen Bedeutung. — Das ehemalige
Augustinerkloster auf dem höchsten Punkte der Stadt, ist seit
1815 zu Wohnungen für den Stadtpfarrer und einige Lehrer,
sowie zu Schulen eingerichtet. Das frühere Kapuzinerkloster,
unterhalb desselben, ist in Privathänden.

Aus der Geschichte führen wir an: im 30jährigen Kriege
wurde die Stadt am 14. Februar 1641 von den Weimar'schen
Truppen unter Oberstlieutenant von Rosen eingenommen, da=

gegen wehrte sie sich mit Erfolg gegen die Weimar'schen Truppen
am 27. Januar 1645. Die schwerste Zeit kam aber am
Schlusse des Kriegs. Am 20. Oktober 1648 rückten die Fran=
zosen unter Varennes vor die Stadt und erstürmten sie am
22. Oktober. Die Stadt wurde in Asche gelegt, wobei auch
das Archiv verbrannte, die Einwohner theils getödtet, theils
mit dem Vieh weggeführt. — Die Reformation faßte mehr=
mals Fuß in der Stadt, so 1522 durch die Predigten des
Augustiners Diepold Gerlacher. Am Ende des 16. Jahrhun=
derts war fast die ganze Einwohnerschaft evangelisch. Nur
der Rath blieb katholisch. Nach dem 30jährigen Kriege wollten
wieder viele Einwohner die evangelische Lehre einführen, die
Stadt blieb aber katholisch. Gegenwärtig wird für die Evan=
gelischen in der Stadt von dem Geistlichen in Merklingen der
Gottesdienst in der Spitalkirche gehalten.

2. Die Bahn von Weil der Stadt bis Calw.
(6 Stunden.)

Uebergang vom Gäu zum Schwarzwald, vom Würmthal
in's Nagoldthal, vom Muschelkalk in den bunten Sandstein.
Die Bahn steigt von Weil der Stadt bis Althengstett und
fällt von da bis Calw. Viele Kunstbauten, welche sich in drei
Gruppen theilen: die Kurve um den Hacksberg, der Forst=
tunnel, die Kurve im Thälesbach. Stationen: Schafhausen,
Althengstett, Calw. Vom Oberamt Leonberg durch das Ober=
amt Böblingen in's Oberamt Calw.

Die Bahn führt von der Station Weil der Stadt in
einem Bogen um die Stadt und läuft fast bis Schafhausen
in südlicher Richtung das Würmthal aufwärts. Zuerst ver=
schwindet Weil der Stadt auf kurze Zeit in einem Einschnitt,
über welchen die Straße nach Merklingen und Pforzheim auf
einer Brücke führt. Auf den Einschnitt folgt ein Damm von
40', von welchem aus wir nun die Stadt von der Westseite
sehen; zwei gewölbte Durchlässe führen unter dem Damm durch,
der zweite für die Straße nach Simmozheim, Althengstett,
Calw. Nach dem Damme kommen keine bedeutende Kunst=
bauten bis Schafhausen. Die Bahn folgt der bewaldeten

Hügelkette des Würmthales und steigt von 1 : 100. Im Thal sehen wir bald eine Sägmühle, noch etwas weiter können wir auf der unten neben der Bahn laufenden Straße den Grenz= stock des Oberamts Leonberg und Böblingen bemerken. Auch zeigt sich jetzt Schafhausen, der erste Ort Böblinger Ober= amts. Vor der Station fahren wir noch unter einer Brücke durch, welche etwa 400' über der Thalsohle von der Station Schafhausen nach Dätzingen und Oftelsheim führt. Beim Einfahren auf die Station sehen wir noch einmal zurück nach Weil der Stadt.

Station **Schafhausen.** Evangelisches Pfarrdorf mit 658 Einwohnern. Früher führte die Poststraße von Stuttgart nach Calw über Magstatt, Schafhausen, Ostelsheim. Auch jetzt noch wird diese Straße als die nächste viel befahren. In der Nähe des Orts, auf der linken Seite der Würm, liegt ein Steinbruch des bunten Sandsteins, aus welchem die Postament= würfel der Hofer'schen Pferde in den Anlagen zu Stuttgart stammen. Die Station Schafhausen liegt auf einer Auffüllung an der Seite des Hacksbergs. Dieser ist ein kegelförmiger Berg zwischen dem Würmthal und einem Seitenthal. Um den Hacksberg führt nun die Bahnlinie in einer großen Kurve oder Schleife herum, in der Steigung von 1 : 100. Zuerst folgt die Bahnlinie noch dem Würmthal, in der Richtung gegen Döffingen. Wir nähern uns hier dem Schlachtfeld von Döf= fingen, welches von Döffingen herwärts gegen Schafhausen liegt. Hier besiegte Graf Eberhard der Greiner 1388 am 23. August, einem Sonntag, Morgens früh die Städter von Weil der Stadt, Reutlingen, Ulm, Nürnberg u. a. Der Graf kam das Trockenthal von Leonberg herab und faßte die Städter im Rücken, welche das Würmthal heraufgekommen waren von Weil der Stadt und den Kirchhof von Döffingen belagerten. Auf Seite der Städter fiel der Anführer Konrad Besserer von Ulm, auf Eberhards Seite sein Sohn Ulrich, welcher die bei Reutlingen 1377 erhaltene Scharte auszuwetzen suchte. Dessen Wittwe Elisabeth, Tochter König Ludwigs des Baiern, kaufte nachher den Platz an, wo Graf Ulrich gefallen. Die Kirche in Döffingen stammt nicht mehr aus jener Zeit, da im Jahre 1634 nach der Schlacht bei Nördlingen das Dorf sammt der

Kirche verbrannte. Dagegen ist von den dicken Mauern des alten Kirchhofs noch ein bedeutender Theil vorhanden.

Die Bahnlinie wendet sich nun aus dem Würmthal in das wiesenreiche Thal des Altbachs, der von Ostelsheim herkommt. Bei dieser Wendung führt sie durch einen 1300′ langen und zum Theil 90—100′ tiefen Einschnitt, welcher durch Kalksteinfelsen gebrochen werden mußte. Nach dem Einschnitt erscheint **Dätzingen,** katholisches Pfarrdorf mit 495 Einwohnern, Böblinger Oberamts. Bis zum Jahre 1805 war der Ort im Besitze des Johanniterordens; der letzte Comthur des Ordens in dem Orte war Joh. Bapt. Freiherr von Flarlanden. Das Schloß, welches dem Orden gehört hatte, schenkte König Friedrich 1810 dem Grafen von Dillen, dessen Sohn jetzt dasselbe besitzt. Es liegt in der Mitte des Orts und ist von schönen Anlagen umgeben.

Nachdem die Kurve um den Hacksberg durchfahren ist, sind wir wieder ganz nahe der Station Schafhausen und fahren nun auf einer Brücke über dieselbe Straße, unter welcher wir vor der Station Schafhausen unten durchgefahren sind. Hier kommen sich die Ausläufer der Schleife bis auf eine Entfernung von zwei Minuten nahe, wir sind aber indessen 80′ höher gestiegen. Wir fahren nun gegen Westen in gerader Richtung auf den Schwarzwald zu, von dem wir auch zur Rechten die Vorposten, die dunklen Tannen, erblicken. Zur Linken sehen wir bald **Ostelsheim,** evangelisches Pfarrdorf mit 864 Einwohnern, früher zum Oberamt Böblingen, jetzt zu Calw gehörig. Wir sind also schon in's Oberamt Calw und damit in den Schwarzwaldkreis eingefahren. Doch liegt der Ort noch diesseits der Wasserscheide von Würm und Nagold und hat noch ziemlich Obstzucht. Ostelsheim ist der Geburtsort von Gottlieb Wilhelm Hoffmann, dem Gründer und vieljährigen Vorstand von Kornthal, geboren 1771 als Sohn des damaligen Pfarrers. Bei Ostelsheim wechseln Dämme und Einschnitte, auch fahren wir über zwei Straßen auf eisernen Brücken. Die erste Straße führt von Ostelsheim nach Weil der Stadt, die andere, bald nach Ostelsheim, ist die alte Straße nach Althengstett. Wir nähern uns jetzt der Wasserscheide zwischen Würm und Nagold, welche ein niederer Bergrücken, der Forst, 1920′ (550 m.) hoch, bildet. Ein langer Tunnel,

welchem ein langer Einschnitt vorhergeht und ein etwas kürzerer
Einschnitt nachfolgt, war erforderlich, um über diese Wasser=
scheide oder eigentlich unter derselben durchzukommen. Dieser
Bergrücken ist geognostisch dadurch merkwürdig, daß sich in
demselben eine Keuperspalte befindet, welche sich etwa eine halbe
Stunde weit in der Richtung von Südost nach Nordwest durch
den Muschelkalk hinzieht. Es müssen hier bedeutende Erd=
revolutionen stattgefunden haben, wovon auch die starken Ver=
werfungen des Muschelkalks im Vor=Einschnitt zeugen. Zu=
nächst nach Ostelsheim führt die Bahn auf hoher Auffüllung
von 60 — 80'. Auch sind hier zur Rechten 6 — 7 Morgen
große Material=Ablagerungsplätze. Dann überschreiten wir
die Straße Ostelsheim-Althengstett und fahren in den 4000'
langen und bis 120' tiefen Vor=Einschnitt des Forsttunnels.
Die Schichtungen bestehen hier meist aus Lehm, in welchem
Mamuthzähne gefunden wurden, mit vielem Steingerölle und
starken Findlingen, sogenanntem Zellenkalk; das ganze Gebirge
ist verworfen und nur in der Tiefe sind regelmäßige Schich=
tungen. Dieser Einschnitt erforderte vier Jahre Bauzeit. —
Der Tunnel ist 2430' (696 m.) lang, liegt fast ganz im
festen Wellenkalk, welcher beim Zutritt der Luft verwittert und
durchschneidet die vorhin genannte Spalte des Keupers. Der
ganze Ausbruch mußte mittelst Sprengung geschehen, während
im Gewölbscheitel eine Lettenschichte lag, welche einen starken
Druck ausübte, daher große Vorsicht beim Bauen nöthig war.
Die Erschließung des Berges geschah im Juni 1868 und
wurde mit drei Hilfsschächten ausgeführt; der Sohlenstollen
war im Oktober 1869 vollständig durchgebrochen und am
9. Oktober wurde ein feierlicher Durchzug veranstaltet. Die
Ausmauerung geschah mit rothem Sandstein aus dem Nagold=
thal. In der Mitte des Tunnels entspringt aus dem bunten
Sandstein und Keuper=Mergel eine starke Quelle mit gutem
Trinkwasser, welche gegen Ostelsheim abgeleitet ist. Auch auf
der Westseite des Tunnels ist ein bedeutender Einschnitt, aber
nicht so lang und nicht so tief, als auf der Ostseite, am Portal
90'. Die Schichtungen sind hier regelmäßiger und bestehen
meist aus Wellenkalk. Der Einschnitt erstreckt sich bis zur
Station Althengstett, auf der wir jetzt ankommen. Bis hieher
steigt die Bahn von Schafhausen gleichmäßig 1 : 100. Wir

sind nun auf dem höchsten Punkte der Bahn, 1775' (508 m.) über dem Meer.

Station **Althengstett.** Althengstett, evangelisches Pfarr= dorf mit 1332 Einwohnern, hieß früher nur Hengstett, bis im Jahre 1699 die Waldensergemeinde Neuhengstett, eine halbe Stunde nördlich, gegründet wurde. Wir sind nun schon über der Wasserscheide im Quellengebiet der Nagold, was sich am Vorherrschen der Nadelwälder zeigt. Boden und Klima sind dem Obstbau nicht mehr günstig, dagegen beginnt hier der Handel mit Langholz. Als im Jahre 1796 die Franzosen unter Moreau über den Rhein kamen und nach dem Treffen bei Rothensol (Dobel), 9. Juli, sich über Neuenbürg und Calw in unser Land hereinzogen, wurde zwischen Alt= und Neuheng= stett ein Vorpostengefecht zwischen den Franzosen und Oester= reichern, welche sich nach Weil der Stadt zurückzogen, geliefert. Im Orte selbst wurde von den Franzosen geplündert, besonders im Pfarrhaus und in den Wirthshäusern. — Hier wurde 12. September 1765, als der Sohn des damaligen Pfarrers, geboren: Christian Jakob Zahn, vieljähriger Vicepräsident der württembergischen Ständekammer, der sich um das vaterländische Verfassungsleben sehr verdient machte. Die Melodie des Schil= ler'schen Reiterliedes: „Wohlauf Kameraden", stammt von ihm, wie er auch sonst manche Melodieen komponirte. Er war Mit= begründer der „Allgemeinen Zeitung", später Theilhaber an Fabriken in Calw, wo er 8. Juli 1830 starb. Ein älterer Bruder, Joh. Georg Zahn, geboren 1759, gestorben 1831, war ein verdienter, hochgeschätzter Arzt in Calw.

Von Althengstett nach Calw ist die Entfernung eine Stunde; die Bahn macht aber, um in's Thal hinabzukommen, einen Weg von 37,600', also nahezu drei Stunden bis zum Bahnhof Calw und hat auf dieser Strecke ein Gefäll von 1:60 und 1:70. Der Uebergang der Hauptbahn über die Alb bei Geislingen steigt 1:45 und fällt auf der andern Seite 1:75.

Die Bahn führt zuerst auf einem 35' hohen Damm neben Althengstett hin. Schon am Anfang des Orts führt unter dem Damm, durch einen schöngewölbten Durchlaß, die Straße nach Simmozheim und Weil der Stadt. Von dieser Straße zweigen weiterhin zwei Vizinalwege auf der linken Seite ab, einer nach Neuhengstett, der andere nach Möttlingen. Von

Neuhengstett, der Waldensergemeinde, gewöhnlich „welsch Dorf"
genannt, sieht man vom Damme aus einige Häuser. Mött=
lingen, eine Stunde, ist bekannt durch mehrere Geistliche, welche
dort waren: Machtholf, der einst den plündernden Franzosen
einen silbernen Löffel nachtrug, welchen er noch in seinem Hause
gefunden hatte, Dr. Barth, der Kinder= und Missionsschrift=
steller; Blumhardt, jetzt in Bad Boll. — Nach drei kleineren
Durchlässen, wobei zur Linken der Täfelberg und zur Rechten
der Anfang des Thälesbaches und die Vizinalstraße nach Hirsau,
schneidet die Bahn die Calwer Straße und geht in den 125'
tiefen Hau=Einschnitt (Wellenkalk). Hier war zuerst ein Tunnel
beabsichtigt, weil aber beim Durchbrechen sich zu viel Wasser
fand, so wurde ein Einschnitt gemacht. Zu diesem Zwecke
mußte die Straße auf die rechte Seite des Einschnitts verlegt
werden. Auf den Einschnitt folgt wieder ein Damm von 35',
mit gewölbtem Durchlaß für die Stuttgarter Straße, in welche
dort auch die Herrenberger Straße, zunächst von Stammheim
(eine halbe Stunde) kommend, einmündet. Vom Damm herab
sieht man jetzt die Stadt Calw in der Tiefe des Thales liegen.
Sie verschwindet aber wieder, denn ehe der Zug dorthin kommt,
muß er zuvor noch einen weiten Bogen beschreiben. Zuerst
geht die Bahn durch den Hirsauer Tunnel in den Thälesbach,
ein Seitenthal der Nagold. Der Tunnel ist 1935' lang, geht
durch den bunten Sandstein und macht eine leichte Schlangen=
linie, ähnlich einem großen lateinischen S. Nach dem Tunnel
macht die Bahn eine große Kurve, indem sie zuerst den Thäles=
bach oben mit einem 55' hohen Damm überschreitet und
dann an mächtigen Sandsteinfelsen vorüber, den Thälesbach
unten wieder überschreitet, und zwar auf einem 200' hohen
Damm, welcher beim Bau etagenmäßig aufgeführt wurde. Es
war zuerst ein Viadukt beabsichtigt, der aber wegen schlechten
Untergrundes unterblieb. Die Kurve ist vom nördlichen Portal
des Tunnels etwa 6500' lang und macht ²/₃ eines Kreises
aus. Während wir diese Kurve beschreiben, öffnet sich der
Blick nach Hirsau hinab. Wir sehen die Ruinen des Klosters
und Schlosses. Aus den vier Mauern des herzoglichen Schlosses
ragt die bekannte Ulme, über 100' hoch und gegen 5' Durch=
messer, von jungem Nachwuchs umgeben, heraus. Der hohe
Thurm ist noch einer der beiden romanischen Thürme der

Heutiges Kulturdenkmal "Bahndamm Hirsau" mit Baufeldbahn. Um 1870.

Ortsansicht Hirsau mit der Klosterruine. Um 1870.

Klosterkirche dieses einst berühmten Benediktinerklosters. Schloß und Kloster wurden von den Franzosen unter Melak 1692 verbrannt. Vom Thälesbach zieht sich die Bahn am westlichen Nagolbufer hin, aber noch in ziemlicher Höhe über der Thalsohle. Wir haben hier zur Linken den prächtigen Steinbruch des Welzberges, bei 2000' lang, welcher die Steine zum Forsttunnel lieferte, und wohl noch zu manchem Bau das Material liefern wird. Nun richten sich unsere Blicke nach Calw. Am jenseitigen Ufer sehen wir den Hügel, auf welchem einst die Grafen von Calw ihre Burg hatten, die Dörtenbach'sche Villa mit schönen Anlagen, die Fabrikgebäude der Schill und Wagner'schen Wollbecken-Fabrik. Diesseits beginnt die Stadt mit dem Brühl, einer schönen Lindenallee. Nach derselben erblicken wir auf einem freien Platze bei der untern Brücke die Turnhalle, 1869 erbaut. An dieselbe schließt sich für die Gewerbeausstellung ein 166' langes und 80' breites Gebäude mit Nebengebäuden an. Darauf folgt der Bischof, d. h. die Straße, welche die Vorstadt der Länge nach durchzieht, ursprünglich: Büsch' nuf. Ueber die Gebäude der Stadt ragt ein neues Gebäude, das Georgenäum hervor, eine Stiftung des Generalkonsuls v. Georgii zu Zwecken des Unterrichts und allerlei geistiger Interessen. — Indessen fahren wir auf 60' hohem Damm neben der Stadt hin und überschreiten auf dem Ziegelbach=Viadukt in der Höhe von 60' die Stuttgarter Straße und den kleinen Ziegelbach. Auf zwei gewaltigen Ortpfeilern von großen Sandsteinquadern liegt die eiserne 70' lange Brücke. Neben uns sehen wir etwas tiefer eine zweite eiserne Brücke, über welche die Calw=Pforzheimer Bahnlinie führt. Es scheint, wir dürfen Calw nur im Vorüberfahren sehen, denn wir fahren noch eine gute Strecke weiter, bis der Zug auf dem Bahnhof 8 Minuten vor der Stadt entfernt hält. Wir sind nun 570' (163 m.) tiefer als in Althengstett, 350' (100 m.) tiefer als in Weil der Stadt; der Bahnhof Calw liegt 1205' über dem Meer und 55' über der Nagold.

Calw,

evangelische Oberamtsstadt mit 5582 Einwohnern.

―――――――

1. Geschichte der Grafen von Calw, vom 9.—13. Jahrhundert.

Ihre Geschichte ist eng verknüpft mit der Geschichte des Klosters Hirsau. Der älteste bekannte Stammvater ist Graf Erlafried, † 850, dessen Grabstein in Hirsau an der Sakristei der dortigen Kirche steht. Er stiftete nebst seinem Sohn Noting, Bischof von Vercelli das Kloster Aureliuszell zu Hirsau, zu Ehren des h. Aurelius, dessen Gebeine Bischof Noting aus Italien mitgebracht hatte 838. Ein späterer Graf Adelbert brachte das Kloster in seine Gewalt, plünderte es aus 990, und zog die reichen Güter desselben ein. Er vertrieb die Mönche und übergab das Kloster Weltgeistlichen. Diese führten ein ausschweifendes Leben und ließen das Kloster ganz zer= fallen. In der Mitte des elften Jahrhunderts lebt Graf Adelbert von Calw und dessen Gemahlin Wiltrud. Durch ihn wurde das Kloster Hirsau wieder hergestellt, er ist somit der zweite Stifter. Den Anlaß dazu gab Papst Leo IX. (1049—54) ein mütterlicher Oheim des Grafen. Des Grafen Mutter war eine Gräfin von Egisheim bei Colmar im Elsaß. Deren Bruder war Leo IX. Dieser kam 1049 auf einer Reise durch Deutschland, auch nach Calw, und machte es hier seiner Schwester Sohn, dem Grafen Adelbert, zur heiligen Gewissens= pflicht, daß er das von seinem Vorfahren zerstörte Kloster Hirsau wieder aufrichte. Adelbert versprach es, vergaß aber sein Versprechen bald wieder. Dagegen ruhte seine Gemahlin Wiltrud, eine Tochter Gottfrieds des Bärtigen von Lothringen, nicht, bis sie ihren Gemahl dazu brachte, den Aufbau des Klosters zu beginnen 1059. Adelbert stattete das Kloster mit Gütern aus und ließ diese neue Stiftung zu Worms 1075 durch König Heinrich IV. feierlich bestätigen. Später ließ sich Adelbert selbst noch als Mönch in dem Kloster einkleiden, und starb 1099. — Auch ein Papst dieses Jahrhunderts entstammte dem Calwer Grafengeschlecht. Wenigstens wird mit großer

Wahrscheinlichkeit angenommen, daß der Papst Viktor II., der Nachfolger von Leo IX., ein Graf von Calw war. Er war vorher als Bischof Gebhard von Eichstädt durch Weisheit und Reichthum, sowie durch seine Verwandtschaft mit Kaiser Heinrich III. der mächtigste Bischof des Reichs. Nach Leo's Tode wurde er von Hildebrand, dem nachmaligen Papst Gregor VII. zum Papst auserfehen 1055. Kaiser Heinrich III. übergab ihm sterbend seinen Sohn, Heinrich IV. in seine Obhut und Viktor II. sicherte ihm durch sein Ansehen das Reich. Viktor II. starb aber schon 1057. — Ein anderer Geistlicher aus dem Calwer Grafenhause war Bruno, Bischof von Metz 1088—89. Am blühendsten war das Haus der Grafen von Calw unter dem Grafen Gottfried, einem Sohn des Grafen Adelbert. Er war einer der angesehensten Rathgeber Kaiser Heinrichs V., welcher ihm 1113 die Pfalzgrafschaft im Rheinland übergab. Er hatte die Vogtei über die Klöster Hirsau, Sindelfingen und Lorsch an der Bergstraße. Einen Sohn hinterließ er nicht, seine Tochter Uta verheirathete sich an den berühmten Herzog Welf II. Nach Gottfrieds Tode, 1131, setzte sein Neffe Adelbert den Mannsstamm fort. Nun aber begann das Theilen. Das Geschlecht verzweigte sich in mehrere Linien: Calw, Löwenstein, Vaihingen, vorübergehend auch Wolfsölden. Die Calwer Linie, welche noch 100 Jahre fortdauerte, starb zuerst aus. Der letzte Graf war Gottfried, gestorben vor 1263. Er hinterließ 2 Töchter. Die eine heirathete den Grafen Rudolph von Tübingen und Böblingen, und in zweiter Ehe den Grafen Ulrich von Berg=Schelklingen. Die andere Tochter, welche sich Gräfin von Zavelstein nannte, verheirathete sich an den Grafen Simon von Zweibrücken. Unter diese Geschlechter wurden die Calwer Güter vertheilt, sie blieben aber nicht lange in deren Besitz. Die Berger Hälfte der Stadt und Burg Calw kam 1308 und die Tübinger Hälfte 1345 durch Kauf an das in jener Zeit emporblühende Haus der Grafen von Württemberg. Ebenso kam auch mit der Zeit der Zweibrückische Theil an Württemberg. In der Blüthezeit des Calwer Grafenhauses erstreckten sich seine Güter und Rechte von den Fildergegenden über den Würm=, Glems=, Enz=, Zaber=, Murr= und Schozach=Gau. — Das Wappen des Grafenhauses in allen seinen Linien, sowie der Stadt ist

ein auf drei oder vier Bergspitzen rechts schreitender rother
Löwe mit blauer Zunge und Krone.

2. Die Geschichte der Stadt Calw vom 14.—19. Jahrhundert.

Aus der Grafenzeit wissen wir noch sehr wenig über die
Stadt. Wahrscheinlich bekam sie Stadtrecht im 13. Jahr=
hundert, im Jahr 1281 wird die civitas Kawel genannt.
Früher kommt der Ort unter dem Namen Kalewa 1037 und
Chalewa, Calwa 1075 vor. Von einer Kirche zu St. Peter
und Paul ist auch schon in der Zeit der Grafen die Rede.
Aus der ersten Zeit unter Württemberg ist ebenfalls nicht viel
bekannt. Doch erfahren wir, daß 1337 eine Walkmühle vor=
handen war und daß in diesem Jahrhundert ein stark besuchter
Jahrmarkt auf dem Brühl bei der längst abgegangenen Ma=
rienkapelle gehalten wurde. Wir sehen darin die ersten Spuren
von Gewerbe und Handel der Stadt. — Im 15. Jahrhundert
wurde der Markt in die Stadt verlegt, als diese ein neues
Rath= und Kaufhaus baute 1454. Auch verlieh Graf Lud=
wig von Württemberg der Stadt 1454 einen Freiheitsbrief,
„die Nutzung von diesem Hause stets einzunehmen". — Aus
dem 16. Jahrhundert ist zu erwähnen die Einführung der
Reformation. Als Herzog Ulrich 1534 in sein Land zurück=
gekehrt war, wobei auch 3 Abgeordnete von Stadt und Amt
Calw nach Stuttgart geschickt wurden, um dem Herzog zu
huldigen, so begann das Werk der Reformation im Lande,
nachdem es schon manchfach vorbereitet war. Nach Calw kam
der evangelische Prediger Hieronymus Kranz von Kreuzlingen
in Thurgau 1534, ihm folgte 1537 Markus Heiland. Durch
seine unermüdete Thätigkeit fand die Reformation trotz des
Widerstandes, welchen der Vogt und ein Theil des Rathes
leistete, mehr und mehr Eingang. Während des Interims war
Heiland nicht mehr sicher in Calw, und ging nach Straßburg,
wo er 1550 starb. Nach dem Interim schwanden die Schwie=
rigkeiten in der Stadt, und die Reformation wurde vollends
eingeführt. — Einige Jahre nachher wurde Calw die Zufluchts=
stätte für die theologische und philosophische Fakultät der Uni=
versität Tübingen, 1555—56, als die Pest im Lande war und
auch nach Tübingen kam, ebenso wieder 1594—95 und 1610.

Bei der zweiten Aufnahme in Calw war unter den Professoren
der bekannte Chronikenschreiber Martin Crusius. Aus schul=
diger Dankbarkeit hielt derselbe nachher in Tübingen eine latei=
nische Rede über Calw, „die uralte Stadt des Herzogthums
Württemberg". — In das 16. Jahrhundert fällt auch noch
die Errichtung eines der vier Landphysikate in Calw. Durch die
große Kirchenordnung, unter Herzog Ludwig 1582 erschienen,
(eine Verbesserung der ersten von Herzog Christoph) wurde
für vier Städte des Landes bestimmt, daß sich darin ein erfah=
rener Arzt und ein geschickter Apotheker befinde.

Das 17. Jahrhundert traurigen Angedenkens brachte der
Stadt viel Jammer durch die zweimalige Zerstörung in Kriegs=
zeit. Zu Anfang des Jahrhunderts standen Gewerbe und
Handel in schöner Blüthe; Calwer Tücher und Zeuge waren
überall gesucht. Besonders nahm der Absatz zu vor dem 30jäh=
rigen Krieg, als ein Italiener, Crololanza aus Piazenza
das Wollenkämmen, die Weberei und Färberei wesentlich ver=
bessert hatte. Der Absatz ging über Württemberg und Deutsch=
land hinaus nach Böhmen, Polen, Ungarn, Siebenbürgen,
Elsaß, Lothringen und Italien. In der Stadt und Umgegend
zählte man 400 Webermeister, 1200 Zeugmacher und etliche
1000 Spinnerinnen. Jährlich verfertigte man gegen 70,000
Stück „Engelsait, Grobgrün, Boi, Federritter, Bombasin,
Barchent, Kölsch, Machaier, Schatter, Atlas und Teppiche."
Daß Calw seinen Wohlstand auch gut anzuwenden wußte,
sehen wir aus der ersten Zeit des 30jährigen Krieges, als
Joh. Valentin Andreä Spezial in Calw war. Auf dessen
Betreiben war 1627 die Stadtkirche zur Aufnahme weiterer
1000 Besucher vergrößert worden, wozu der Calwer Bürger
Christoph Demler allein 4000 fl. bestimmte. Ferner war
schon 1621 auf Andreä's Anregung eine Familienstiftung ge=
gründet worden, welche unter dem Namen Färberstift weit be=
kannt ist. Die meisten der Stifter gehörten nemlich der da=
mals in Calw bestehenden Zeugfabrikations= und Färberkom=
pagnie an. Von dieser Stiftung werden nicht bloß arme Ver=
wandte der Stifter unterstützt, sondern sie hat besonders auch
den Zweck, Studirenden der Theologie zu den Studienkosten
einen Beitrag zu geben. Weiter ist aus jener Zeit bekannt,
wie sich die Stadt Calw der vom Krieg schwer heimgesuchten

Einwohner der Pfalz thätig annahm. Viele kamen beim Ein=
fall des Herzogs von Baiern in der Pfalz als Flüchtlinge in
unser Land. Innerhalb 5 Jahren hatten die Calwer Bürger
11,000 Armen Unterstützung zukommen lassen. Nach der
Schlacht bei Nördlingen, 6. Septbr. 1634, brach aber das
Kriegselend auch über Calw herein. Der bairische General
Johann von Werth hatte die Verfolgung des protestantischen
Heeres durch Württemberg übernommen und erschien 20. Sept.
mit 2000 Reitern vor den Thoren der Stadt, deren Vogt
Andler, ein hochmüthiger, ausschweifender Mann, keine Anstalt
zur Abwendung der drohenden Gefahr gemacht hatte. Als
man dem General das Ziegelthor nicht gleich öffnete, drang
er gewaltsam ein, zog aber bald weiter zur Verfolgung des
Feindes gegen Neuenbürg. Dagegen wurden nun von der
in Calw zurückgebliebenen Mannschaft die ärgsten Greuelthaten
verübt; in der Nacht vom 20.—21. Sept. wurde die Stadt
angezündet und niedergebrannt. Ein Theil der Einwohner
hatte sich mit Andreä in die Wälder bei Neuweiler geflüchtet.
Auch waren noch manche während des Brandes über die
Mauern in die Wälder geflüchtet. Aber die wüthenden Sol=
daten ließen den Flüchtlingen keine Ruhe und verfolgten sie
mit Jägern und Hunden. Auf diese Schreckenszeit folgten im
Jahr 1635 ansteckende Krankheiten. Und als die Stadt 1638
zum Theil wieder aufgebaut war, wurde sie vom kaiserlichen
General Götz, welcher vor Herzog Bernhards Truppen floh,
nochmals auf schreckliche Weise geplündert. Nur langsam er=
holte sich die Stadt von diesen Stürmen des 30jährigen Kriegs.
Im Jahr 1655 wurde die Kirche, welche mit verbrannt und
nun wieder aufgebaut worden, feierlich eingeweiht. Ehe aber
die alten Wunden ganz vernarbt waren, traf die Stadt ein
neuer Schlag. Als König Ludwig XIV. seine Heere zur Ver=
wüstung Deutschlands ausschickte, brach Melak 1692 mit seinen
raubgierigen Schaaren in unser Land ein, brannte zuerst das
Kloster Hirsau nieder, und kam am 19. Sept. nach Calw.
Zuerst wurde die Stadt ausgeplündert unter allen Greueln
des Kriegs, und darauf in Brand gesteckt. Auch diesmal ver=
brannte wieder die ganze Stadt sammt der Kirche, ausge=
nommen vier Gebäude in der Stadt und etliche kleinere Häuser
an den Bergen.

Durch diese zweimalige Zerstörung der Stadt war die frühere Gewerbthätigkeit wohl unterbrochen, aber nicht aufgehoben worden. Nach dem 30jährigen Krieg nahm sie einen neuen Anfang in der Gründung der Calwer Zeughandlung. Zwei arbeitsame und verständige Männer legten im Anschluß an die Färberordnung von Herzog Eberhard III. vom 1. Nov. 1650 den Grund zu dieser Handlung, welche später unter der Firma Maier, Schill und Comp. berühmt wurde und im folgenden Jahrhundert zu großer Blüthe gelangte. Die Mitglieder waren ursprünglich alle selbst Färber, Tuch- und Zeugmacher. Später als das Geschäft an Ausdehnung gewonnen hatte, theilten sie sich in die Aufsicht über die verschiedenen Zweige des Geschäfts. Zum Aufschwung des Geschäfts trugen namentlich die Privilegien bei, welche die württembergische Regierung der Compagnie ertheilte. Diese Privilegien beziehen sich besonders auf die Waare, deren Verfertigung und Verkauf der Gesellschaft vorbehalten war, und auf die ihr zugewiesenen Zeugmacher. Im Jahr 1674 wurde die sogenannte Moderation eingeführt, indem man die Zeugmacher von 10 Aemtern des Landes der Compagnie zutheilte. Diese durften ihre Arbeiten allein an die Compagnie verkaufen. Alle Meister des Moderationsbezirkes waren angewiesen, die verfertigten Waaren an bestimmten Tagen in das Kaufhaus nach Calw zu liefern, wo sie geprüft wurden. Die verschiedenen Gebäude der Compagnie standen in der Ledergasse und Inselgasse. Der Absatz stieg besonders während des 7jährigen Krieges. Auch nachher noch beschäftigte die Compagnie 7000 Menschen und verschloß jährlich für 500,000 fl. Waaren. Später jedoch kam das Geschäft etwas in Abnahme theils durch Konkurrenz der englischen und sächsischen Fabriken, theils durch das häufigere Tragen von baumwollenen Zeugen. Als dann die Revolutionskriege ausbrachen, und auch ein Streit zwischen der Compagnie und den Zeugmachern entstand, bat die Compagnie selbst bei der Regierung um Auflösung der Moderations-Verfassung. Die Regierung bewilligte, obwohl ungern, die Bitte, und hob 1797 die Moderation mit den Privilegien auf. Neben diesem wichtigsten Gewerbe der Tuchfabrikation und der damit verbundenen Färberei blühten im vorigen Jahrhundert noch manche andere Gewerbe, besonders die Gerberei und Saffianfabrikation, sowie

die Strumpfweberei. Auch bestanden verschiedene Handelsge=
schäfte. Eine Handelsgesellschaft Dörtenbach & Comp. betrieb
Bergwerke und Schmaltenfabriken (Blaufarbwerke) in Alpirs=
bach und Wittichen. Eine andere Handlung, Notter u. Stuber,
betrieb den Salzhandel; sie kaufte das Salz in Bayern und
versah den größten Theil Württembergs und Oberschwabens
mit Salz. Sie bestand unter verschiedenen Namen bis 1808,
wo die württembergische Finanzverwaltung das Salzregal in
Anspruch nahm zum Zweck der Salzbesteurung. Der Holz=
handel mit Scheiter= und Floßholz wurde von einer Gesell=
schaft betrieben, welche zuerst unter dem Namen Bischer u. Comp.
1755 gebildet wurde und auch in andern Gegenden des Schwarz=
walds Mitglieder zählte.

Blicken wir nun auf den jetzigen Stand von Handel und
Gewerbe, so finden wir in der Hauptsache noch dieselben Ge=
werbe, aber zum Theil in anderer Gestalt, auch sind neue hin=
zugekommen. Unter den Wollgewerben nimmt den ersten
Rang ein das aus 11 Theilhabern bestehende Geschäft: Schill
u. Wagner, welches (früher Buksinfabrik) jetzt in neu errich=
teten Fabrikgebäuden Wolldecken und Flanell in ausgedehntem
Maße fertigt. Auch die neu gegründete Firma Gust. Fr.
Wagner fabrizirt Wolldecken. Die Tuchfabrikation wird von
Fr. Würz in größerem Maßstab betrieben, außerdem von eini=
gen Tuchmachern. Einen bedeutenden Aufschwung hat die
Fabrikation von feineren Wollenwaaren, besonders Unterleib=
chen und Unterbeinkleidern, genommen. Mehrere Häuser haben,
neben den älteren Strumpfwebstühlen, die neueren Rundweb=
stühle eingeführt und beschäftigen viele Hände in Stadt und
Land. Die vor einiger Zeit blühende und durch etwa 30
Häuser vertretene Volljackenstrickerei, welche besonders nach
Amerika Absatz hatte, hat in den letzten Jahren abgenommen
und ist noch durch 7 Häuser vertreten. Ferner wird Woll=
spinnerei und Wollgarnzwirnerei betrieben; auch bestehen 3
Wollfärbereien, wovon 2 mit den neuesten technischen Vorrich=
tungen betrieben werden. Die vielen Tausend Centner Wolle,
welche zur Verarbeitung kommen, werden theils unmittelbar an
den Seeplätzen, theils auf inländischen, preußischen und unga=
rischen Märkten aufgekauft. — Die Baumwollgewerbe
sind hauptsächlich vertreten durch die zwei großen, der Familie

Calw, nagoldabwärts gesehen. Rechts die beiden Bahntrassen. Um 1872.

Gesamtheit des Bahnhofs Calw. Um 1872.

Stälin gehörigen Spinnereien Tanneneck und Kentheim, beide
thalaufwärts. Außerdem wird von mehreren Häusern Baum=
wolle zu Zeugen und Unterkleidern verarbeitet. Auch bestehen
zwei Baumwollfärbereien und Druckereien. — Sehr alt ist die
G e r b e r e i und hat der Ledergasse, parallel mit der Nagold
laufend, den Namen gegeben. Die Bozenhard, Leonhardt,
Rothschold, Wochele, Schnaufer, Stroh führen seit vielen Ge=
nerationen dasselbe Geschäft in beträchtlichem Umfang. Die
1766 in Calw gegründete Saffianfabrik Hasenmayer u. Zahn
wurde 1788 nach Hirsau verlegt und ist jetzt noch eine der
ersten im Land. — Die S c h u h m a c h e r e i ist etwa durch 60
Meister vertreten; sie arbeitet viel nach auswärts, besonders
nach Pforzheim. — Ein in Württemberg wenig vertretenes
Gewerbe ist die Fabrikation der für die Spinnereien unent=
behrlichen K r a z e n, welche von Dörtenbach u. Schauber schon
1837 aus Rouen nach Calw verpflanzt wurde, und jetzt mit
etwa 30 Maschinen und Dampfkraft betrieben wird. Der
Absatz geht bis ins ferne Ausland.

Unter die neueren Gewerbe gehört die Cigarrenfabrik
von Hutten mit 140 Arbeitern. Ferner werden fabrizirt:
Leim, der dem Kölner nicht nachsteht, Mineralwasser, kölnisch
Wasser und Malzextrakt, Seife und Talglichter, welche weit=
hin versandt werden, Hüte und Filzschuhe, Bekleidungsgegen=
stände aller Art, elastische Artikel, Kochherde, Gefährte, Thurm=
uhren, Pressen, Häuser, welche nach Pforzheim und Stuttgart
geliefert werden. Zu diesen mancherlei Gewerben kommen
mehrere Handlungsgeschäfte. Die 1755 gegründete und jetzt
als Stälin u. Comp. und Mohr u. Comp. fortgesetzte Holz=
handlung in Calw und Mannheim, fünf Weinhandlungen, zwei
Weißwaarenhandlungen. Für die Zukunft verspricht auch die
Steinindustrie bedeutend zu werden, da beim Eisenbahnbau
großartige Steinbrüche im bunten Sandstein aufgeschlossen wor=
den sind. Der neue Heilbronner Bahnhof wird von solchen
Steinen gebaut. Plattensteine wurden bisher zu beiden Seiten
des Nagoldthales in Sulz, Oberhaugstett, Bulach, Effringen
und Schönbrunn gebrochen. Bankgeschäfte treiben mehrere
Häuser; auch besteht eine Creditbank für Landwirthschaft und
Gewerbe, eine Spar= und Vorschußbank. — Der Buchhandel
ist vertreten durch die Buchdruckerei von Oelschläger, welcher

das dreimal erscheinende Calwer Wochenblatt druckt, und durch
die Sortimentsbuchhandlung von E. Georgii, besonders aber
durch den seit 40 Jahren bestehenden „Calwer Verlagsverein".
Aus kleinem Anfang ist der Verein zu einem großen Baum
gewachsen, der seine Zweige über die ganze Erde ausstreckt.
Der Hauptbegründer desselben ist Dr. Barth, welcher noch als
Pfarrer von Möttlingen im Jahr 1829 mit Unterstützung der
Londoner Traktatgesellschaft einen Traktatverein in Calw grün=
dete. Dieser erweiterte sich 1833 zum Calwer Verlagsverein.
Zum Hauptzwecke machte sich dieser Verein, gute Schulbücher
in christlichem Geist herauszugeben und möglichst billig zu ver=
breiten. Der ursprüngliche Zweck wurde aber erweitert und
so erschienen nach und nach in der Verlagsbuchhandlung die
biblischen Geschichten (jetzt in 213. Auflage je 5000 Exempl.),
die christliche Kirchengeschichte (19. Aufl.), Geschichte von Würt=
temberg, Weltgeschichte, Reformationsgeschichte, biblische Natur=
geschichte, biblische Geographie, biblische Alterthümer, Handbuch
der Bibelerklärung, Missions=Geschichte und Geographie (Blum=
hardt in Boll). Viele dieser Bücher sind auch in andre Spra=
chen übersetzt. Das verbreitetste Buch, die biblische Geschichte,
welche in deutscher Sprache in mehr als 1 Million Exemplaren
gedruckt wurde, ist in 64 verschiedene Sprachen übersetzt,
darunter 24 europäische, 22 asiatische, 12 afrikanische, 3 ameri=
kanische und 3 polynesische oder australische. Die buchhänd=
lerischen Geschäfte besorgt seit 1833 der im Dienst des Ver=
eins ergraute G. Weitbrecht. An die Stelle von Dr. Barth
trat nach dessen Tod Dr. Gundert, früher Missionär in Indien,
welcher außerdem mehrere Missionsblätter und die von Dr. Barth
begründeten „Jugendblätter" herausgibt.

Sehen wir uns nun weiter nach den staatlichen und städti=
schen Verhältnissen von Calw um, so wurde von der Königl.
Regierung 1866 in Calw eine Handels= und Gewerbekammer
errichtet, deren Bezirk die Oberämter Calw, Freudenstadt,
Herrenberg, Nagold und Neuenbürg umfaßt. — Bei der Ge=
richtsorganisation im Jahr 1868 wurde in Calw ein Kreis=
strafgericht für die Oberämter Calw, Herrenberg, Nagold und
Neuenbürg errichtet. Dasselbe hat seinen Gerichtssaal im
Rathhause. — In Folge der Militärorganisation wurde 1871
nach Calw das Landwehrbezirkskommando für das erste Land=

wehrbataillon aus den Oberämtern Calw, Herrenberg, Nagold, Neuenbürg bestellt. Außerdem haben die gewöhnlichen Bezirks= beamten ihren Sitz in der Stadt, nur das Kameralamt ist in Hirsau. — Was sodann die städtischen Verhältnisse betrifft, so besteht neben der Volksschule eine lateinische Schule mit drei Lehrern, eine Oberreal= und Realschule mit drei Lehrern, eine Fortbildungsschule, Zeichenschule, Mittelschule. In gesellschaft= licher Beziehung sind zu nennen: Abendgesellschaft seit 1798, Bürgergesellschaft, Liederkranz, Kirchengesangverein, Schützen= gesellschaft, Konkordia und verschiedene andere gesellige Vereine.

Endlich nennen wir noch die Namen von verdienten Männern, welche in Calw geboren, oder hier gelebt und ge= storben sind. Eine schöne Zahl solcher Männer ist im Lese= zimmer des Georgenäum im Bild zu sehen, in ihrer Mitte J. Val. Andreä, 1620—39 Spezial in Calw. Jodokus Eichmann, Prediger in Heidelberg, † 1491. Konrad Sum= menhard, Professor der Theologie in Tübingen, † 1502. Joh. Jak. Heinlin, Lehrer der Mathematik in Tübingen, Freund Keplers, † 1660. Joh. Dietrich Hörner, Landschaftskonsulent, † 1724. Andreas David Carolus, Dekan in Kirchheim, † 1707. Joseph Gärtner, Professor der Botanik in Peters= burg, privatisirte in Calw und starb hier 1791. Dessen Sohn Karl Friedrich Gärtner, ebenfalls Botaniker, † 1850. David Friedrich Cleß, Dekan in Reutlingen, † 1810. Christoph Friedrich v. Stälin, Direktor, Oberbibliothekar in Stuttgart und Verfasser der vortrefflichen Geschichte von Württemberg, geb. in Calw 1805. Christian Jakob Zahn (s. Althengstett), † in Calw 1830. Dessen Schwiegersohn J. Georg Dörten= bach, der sich um Handel und Gewerbe besonders verdient machte, 25 Jahre lang Abgeordneter von Calw, Vorstand der Handelskammer in Calw, † 8. Sept. 1870. Christian Gott= lob Barth, zuerst Pfarrer in Möttlingen, privatisirte von 1838—62 in Calw, Verfasser vieler Jugendschriften, Begrün= der der Jugendblätter, eifriger Beförderer der Mission. Durch seine Verbindung mit den Missionaren war es ihm möglich, nicht nur selbst eine reiche Sammlung von Naturalien und Merkwürdigkeiten aus allen Gegenden der Erde anzulegen, welche jetzt in Basel sich befindet, sondern auch manchen Bei=

trag ins Naturalienkabinet nach Stuttgart zu liefern, wo wir
seinen Namen vielfach lesen.

Machen wir endlich einen Gang durch die Stadt, so
können wir, entweder von der Eisenbahn aus der Straße fol-
gend, zuerst durch die Vorstadt, den Bischof entlang zur Turnhalle und der daselbst veranstalteten Gewerbeausstellung gehen,
und dann durch die Stadt den Rückweg machen. Oder aber
schlagen wir den umgekehrten Weg ein; wir gehen bald nach
dem Bahnhof auf dem Viersteg über die Nagold, besuchen dort
den Felsengarten von Michael, wo wir die Nagold vor ihrem
Eintritt in die Stadt und jenseits derselben den Bahnhof vor
Augen haben. Sodann können wir durch die Badgasse in die
Stadt gehen, oder wer eine schöne Aussicht auf die Stadt ge-
nießen will, geht auf dem Schafweg über die Stadt hin bis
zum Georgenäum. Dieser Weg ist durch den Verschönerungs-
verein zu einem besonders schönen Spaziergang gemacht. Die
Anlagen erstrecken sich bis in den nahen Nadelwald. Oberhalb
des Georgenäums treten wir in den Garten desselben ein.
Dieses vom Generalkonsul v. Georgii Georgenau für seine
Vaterstadt erbaute Gebäude ist einer nähern Betrachtung werth.
Die gegen die Stadt gerichtete Front ist mit den 2 Statuen
von Schiller und List geschmückt (Bildhauer Bach). In der
Vorhalle sind in der Front 3 symbolische Freskobilder: Wissen-
schaft, Kunst, Handel und Gewerbe (Maler Groß). Ueber
dem Eingang zur Bibliothek das Georgii'sche Familienwappen.
Im Bibliothekzimmer ist das Bild Peters des Großen als
Schiffszimmermann, im anstoßenden Lesezimmer die Bilder von
verdienten Calwer Männern, um das Bild Val. Andreäs
gruppirt. Im mittleren Stock ist ein großer Saal zum Zeichnen
und zu Vorträgen. Im dritten Stock ein Saal für eine per-
manente Gewerbeausstellung bestimmt. Der Erbauer ist Oberbaurath v. Egle. Vom Georgenäum gehen wir in die Stadt
bergabwärts und kommen unter der offenen Fruchthalle des
Rathhauses hindurch auf den Marktplatz. Der massive Unterstock des Rathhauses trägt die Jahrzahl 1673, er blieb beim
Brande 1692 stehen. Neben dem Rathhaus ist noch ein
altes, steinernes Haus (Stadtrath Lörcher). In dieser Häuser-
reihe steht am Eck gegen die Kirche die Oberamtei; auf der
andern Seite der Kirche das zweite Haus, das Dekanathaus.

Oben an der Kirche folgen nach einander deutsche Schule, la=
teinische Schule, Diakonathaus. — Die Kirche ist 1634 und
1692 niedergebrannt. Der Chor mit schönen, gothischen Fen=
stern und die Sakristei mit schönem Netzgewölbe, sowie die
Vorhalle mit Petrus auf dem Schlußsteine sind älter als das
Schiff. Vor dem Chor der Kirche stehen zwei schöne Linden.
Zu diesem Vorplatz führt eine breite, steinerne Treppe mit
12 Stufen vom Marktplatz herauf. Auf dem großen Markt=
platz sehen wir zwei Brunnen. Zunächst dem obern Brunnen
steht das Dr. Schüz'sche Haus. Für Botaniker ist der hinter
dem Haus gelegene Garten interessant, da in demselben beson=
ders die Schwarzwald= und Alpenflora vertreten ist. Auf dem
Platz dieses Gartens soll früher ein Nonnenkloster gestanden
sein. Auf der östlichen, langen Seite des Marktplatzes stehen
die beiden Apotheken, das Oberamtsgericht und viele Kaufläden.
Vom Marktplatz gehen wir durch das Biergäßchen in die Leder=
gasse hinab, welche uns weiter zur untern Brücke führt. Auf
dieser kommen wir zur Turnhalle und Gewerbeausstellung.
Wir können aber auch zuvor noch einen Umweg machen, und
durch die Inselgasse hinab zur Kunstmühle von Reichert, und
zum neu erbauten Schützenhaus gehen. Weiter unten folgt
die Gasfabrik (erste größere Anlage von Petroleum=Gas mit
dem unbedingt schönsten Licht). Noch weiter kommen wir zur
Dörtenbach'schen Villa mit schönen, bis in den Wald reichenden
Gartenanlagen. Zurück führt uns der Weg auf die Insel,
auf welcher die großen, neu erbauten Gebäude der Wolldecken=
fabrik der alten Firma von Schill u. Wagner stehen, der
Nachfolgerin der früheren Handelskompagnie. Hier stehen wir
unter der alten Burg der Grafen von Calw. An der Stelle
derselben wollte Herzog Friedrich ein großartiges Schloß bauen;
er ließ das frühere Schloß abbrechen und legte 1606 den
Grundstein für das neue Schloß, das nach dem Riß des be=
rühmten Baumeisters Heinrich Schickhardt gebaut werden und
ein länglichtes Viereck bilden sollte. Es wurden aber nicht
weiter als die Grundmauern gebaut, welche noch stehen. End=
lich gehen wir durch die große Menge von Fabrikgebäuden zur
untern Brücke, welche uns auf das rechte Nagoldufer führt.
Hier haben wir gerade vor uns den badischen Hof von Thudium,
links den Brühl, eine Allee von Linden und Kastanien, rechts

die Turnhalle mit dem Ausstellungsgebäude. Die Gewerbe=
ausstellung gibt uns hier ein Bild des gegenwärtigen Standes
von Handel und Gewerbe in den drei Bezirken Calw, Leonberg,
Nagold. Hier sind wir auch schon auf dem Weg nach Hirsau,
und wir dürfen Calw nicht verlassen, ohne Hirsau gesehen zu
haben. Doch lassen wir des Zusammenhangs wegen vollends
die Beschreibung von Calw folgen. Von der Turnhalle zum
Bahnhof kehren wir auf dem rechten Nagoldufer den Bischof
entlang (so heißt die an der Nagold hinführende Straße der
Vorstadt) zurück. Wir kommen links an dem Steinhaus mit
Kreuzgewölben, dann am Stälin'schen Haus vorüber und haben
zur Rechten den Weinsteg zwischen der untern und obern Brücke.
Sodann folgt rechts die Stelle, wo bei der großen Ueber=
schwemmung am 1. August 1851 mehrere Häuser vom Wasser
untergraben und fortgerissen wurden und 9 Personen ertranken.
Am Ende des Bischofs an der obern Brücke steht links die
Vereinsbuchhandlung und daneben die bisherige Post, rechts
das Seeger'sche Haus, wo unten das Landwehrbezirkskommando
seine Kanzlei hat, und der Gasthof zum Waldhorn. Besondere
Aufmerksamkeit verdient hier noch die Nikolauskapelle, auf der
obern Brücke, eines der wenigen Denkmale aus alter Zeit.
Die Kapelle war lange vernachläßigt, ist aber nun in den
letzten Jahren durch einen Verein restaurirt worden, und ver=
dient auch im Innern angesehen zu werden. Die ältere Ka=
pelle wurde von Papst Leo IX. 1049 geweiht, welcher damals
auch die frühere Kirche in Althengstett weihte. Die jetzige
Kapelle stammt aus dem Ende des 14. oder Anfang des 15.
Jahrhunderts. Wir sehen von Außen die spitzbogige Thüre
und Fenster gepaart und mit Kleeblattfüllung, an der vordern
Giebelseite ein Fratzen= und ein Frauengesicht, zwei Nischen
mit Petrus und Paulus. Auf dem Giebel steht eine überaus
zierlich gearbeitete Spitzsäule, ein Thürmchen mit drei kleinen
Figuren, Aebten oder Bischöfen. Das Innere bildet einen
kleinen Chor mit fünf Fenstern und achteckigem Abschluß.
Von acht Consolen, theils Menschengesichter, theils Wappenschilde,
gehen 8 Gurten zu der flachen Decke, deren Schlußstein eine
Rosette bildet. Die alten Freskomalereien, deren Spuren kaum
noch erkennbar waren, (Nikolaus, der Patron der Schiffer gibt
drei armen Jungfrauen drei goldene Aepfel; die heil. Elisabeth

und heil. Katharina) ſind von Maler Pilgram reſtaurirt worden. Die Kapelle ſelbſt wurde von Architekt Beisbarth reſtaurirt.

Von der Brücke kehren wir auf dem rechten Ufer zum Bahnhof zurück und ſehen uns dabei den Ziegelbach=Viadukt, unter welchem die Straße nach Althengſtett bergauf führt, von unten an.

Hirſau, evangeliſches Pfarrdorf mit 887 Einwohnern. Ruine des berühmten Benediktinerkloſters. Wir folgen vom Brühl der Pforzheimer= oder Wilhelmsſtraße, und kommen zuerſt rechts am Kirchhof, dann am Stälin'ſchen Garten und Villa vorüber. Bei Hirſau ſelbſt ſehen wir die großartigen Werke der Bahn im Thälesbach. Die untere Linie iſt die Pforzheimer Bahn, unter welcher der Thälesbach unmittelbar vor Hirſau unter ſchönem Durchlaß herabfließt. Für dieſe Linie erhält Hirſau eine Station. Wir folgen der Straße weiter, bis ſie ſich unter einem rechten Winkel nach Links wendet. Hier ſteht ein altes Gebäude, jetzt das Magazin der Zahn'ſchen Saffianfabrik, einſt aber die Aureliuskirche, erbaut 830 von Graf Erlafried von Calw im alten Baſilikenſtil, wiederhergeſtellt im Jahr 1060 von Graf Adelbert von Calw auf Betrieb des Papſtes Leo IX. (S. 18). Im Jahr 1584 wurde der größte Theil derſelben auf Befehl des Herzogs ab= gebrochen. Nur der weſtliche Theil blieb ſtehen, und wurde ſpäter zu einem Magazin eingerichtet. In dieſem Reſt der Kirche ſtehen noch zwei Säulenreihen von je fünf Säulen und zwar je 3 eigentlichen Säulen und zwei Wandpfeilern. Dieſe fünf Säulen ſind durch vier Halbkreisbögen verbunden und tragen ſo die beiden Seitenwände des Hauptſchiffes. Die run= den Säulen haben den attiſchen Fuß mit vier Blättern auf den vier Ecken der unterſten Platte. Das Kapitäl iſt das würfelförmige, mit einem Bande geſchmückt. Für den Alter= thumsforſcher iſt dieſe Kirche, als eine der älteſten im Lande, von großem Intereſſe. An der nordöſtlichen Ecke der Kirche lehnt ſich ein Gebäude an, das nach der Sage das alte Kloſter= gebäude geweſen ſein ſoll. Für ſein hohes Alter ſpricht jeden= falls eine über dem erſten Stockwerk ſich hinziehende Wulſt. An der Vorderſeite iſt eine ſehr alte Steinplatte mit dem Bild eines Biſchofs oder Abts eingemauert. Dieſer Theil von Hirſau heißt der Viehhof und hat ſeinen Namen von den

Oekonomiegebäuden, welche hier Abt Bernhard 1482 für das Kloster anlegte.

Wir wenden nun unsre Blicke, ehe wir zur Brücke kommen, nach einem andern Theil von Hirsau, nach der Pletzschenau, welche uns zur Rechten, zwischen dem Berg und der Nagold liegt. Dort ist auch der Kirchhof des Ortes. Diese Pletzschenau, welche die ursprüngliche Kirchengemeinde war, ist besonders durch zwei Sagen merkwürdig. Hier soll Helizena, eine Edelfrau von Calw, das erste Kloster 645 gestiftet haben. Diese fromme Wittwe hatte einen Traum, in welchem sie ermahnt wird, ein Kloster zu gründen, und zwar an einem Ort, wo drei Fichtenstämme aus Einem Stamme emporsteigen. Des Morgens geht sie mit ihren Dienern hinaus und findet einen solchen Ort. Hier erbaut sie eine Kirche zu Ehren des heil. Nazarius mit reicher Güterausstattung, und kleidet sich selbst als Nonne ein. Eine weitere Sage knüpft sich an die in der Pletzschenau stehende Mühle. In ihr soll Kaiser Heinrich III., der Schwarze, geboren sein. Kaiser Konrad II. (der wirkliche Vater des nach der Wahrheit in Geldern geborenen Heinrichs III.) übernachtete bei einer Jagd in der Mühle in der Pletzschenau. Halb träumend hört er eine Stimme: das in dieser Nacht geborne Knäblein wird dein Nachfolger sein. Es war nemlich, ehe der Kaiser in die Mühle kam, ein Graf von Calw mit seiner Frau in diese Mühle geflüchtet, weil er als Landfriedensstörer den Zorn des Kaisers fürchtete. Und gerade in dieser Nacht gebar die Gräfin einen Sohn. Um des Traumes willen gab der Kaiser den Befehl, das Knäblein, welches er für das Kind eines Bauernweibes hielt, zu tödten. Das Kind wurde aber nicht getödtet, sondern im Walde ausgesetzt, wo es von einem Herzog von Schwaben gefunden und an Kindesstatt angenommen wurde. Durch wunderbare Verkettung der Umstände geschah es, daß der Kaiser später diesem zum Jüngling herangewachsenen Herzogssohn seine Tochter zur Frau gab, und so bekam derselbe die Anwarthschaft auf den Kaiserthron.

Vom Viehhof und von der Pletzschenau wenden wir nun unsre Blicke nach dem Schloß mit der berühmten Ulme und nach dem hohen, schlanken Thurm, der uns der Wegweiser zu den Klosterruinen ist. Wir gehen über die alte Brücke, an welcher 1561 die drei Schwibbögen gegen dem Kloster neu gemacht wurden. Nach der Brücke theilt sich die Straße, rechts nach Pforzheim, links dem Berge zu nach Calmbach und Wild= bad. Wir folgen der letzteren und kommen an das Kameral= amtsgebäude, über dessen Thor zwei große Hirsche gemalt sind, zwischen beiden ist das württembergische Wappen und das Klosterwappen: ein Hirsch mit einem Abtsstab zwischen den Vorderfüßen. Dies erinnert uns auch an die gewöhnliche Ab= leitung des Namens Hirsau von Hirsch, altdeutsch Hirz und Hirß. Unwahrscheinlich ist die Ableitung von Hirse. Unter dem Eingange rechts ist das Thorstübchen, in welchem der Kameralamtsdiener wohnt, der den Schlüssel zur Ruine hat. Wir gehen den Schloßberg hinauf und treten durch den achteckigen Thurm mit der Jahrzahl 1592 ein. Auf demselben sind Uhr und Glocken der Gemeinde Hirsau. Nun kommen wir zuerst an das S c h l o ß g e b ä u d e. Dieses wurde vor 300 Jahren von Herzog Christoph und Ludwig im Renaissancestil an der Stelle der alten Abtei er= baut, daher auch Prälatur genannt. In dem Schlosse starb Herzog Wilhelm Ludwig 23. Juni 1677, 30 Jahre alt, nach 3jähriger Regierung. Er hatte von hier aus den Sauer= brunnen in Liebenzell gebraucht und bekam auf dem Weg zwischen Hirsau und Liebenzell einen Anfall von Kolik, an welchem er nach zwei Tagen starb. Von dem 1692 durch die Franzosen verbrannten Schloß steht noch ein runder Thurm mit steinerner Wendeltreppe. Dieser steht durch eine Mauer= wand mit der eigentlichen Schloßruine in Verbindung. Zwi= schen den vier hohen Wänden des Schlosses erhebt sich die Ulme 100′ hoch und vertritt mit ihrer Krone die Stelle des Daches. Neben ihr steht eine junge Ulme und bringt mit ihrem Gipfel in die Aeste der Mutter hinein. Einer zweiten Tochter ist es zu eng geworden; sie steht mit der Wurzel innerhalb des Schloßraums, der Stamm erhebt sich außerhalb. Unten sind noch Keller, zu welchen zwei Eingänge führen. Auf den rund ausgehauenen Doppelgiebeln stehen drei Kugeln mit Fähnlein, die vierte fehlt. Um das Schloß vor Zerfall zu schützen, wurde dasselbe von der K. Finanzverwaltung mit starken, eisernen Schienen umschlossen.

Wir gehen nun weiter zu den Klostergebäuden. Der

Weg führt uns über den Kellerbuckel, auf welchem verschiedene Waldbäume stehen, durch den Pfarrgrasgarten zur Pfarrkirche von Hirsau, der früheren Marienkapelle. Diese wurde 1508—16 von Abt Johann II. gebaut. An der Sakristei derselben stehen die Grabsteine des heil. Aurelius und des Grafen Erlafried von Calw, zwei wichtige Grabsteine, welchen ein geschützterer Platz etwa in der Kirche selbst zu wünschen wäre. Aurelius, ein geborner Deutscher, war Bischof zu Redizia in Armenien 361. Von da machte er eine Reise nach Mailand und starb daselbst in den Armen des heil. Ambrosius 383. Hier ruhte sein Leichnam in der Kirche 450 Jahr, bis der Bischof Nottung von Vercelli, ein Bruder oder Sohn des Grafen Erlafried von Calw (S. 18) seine Gebeine nach Vercelli brachte. Aber auch hier sollte er nicht seine bleibende Ruhe finden. Nottung lud die Gebeine auf ein Saumroß und brachte sie wohlbehalten über die Alpen nach Calw. Er bewog nun den Grafen Erlafried, zu Ehren des Aurelius ein Kloster zu stiften 830—38, wo dann die Gebeine beigesetzt wurden. Und zwar wurde das Kloster an der Stelle gegründet, wo ein Blinder durch Anrufung des Aurelius beim Vorübertragen seiner Gebeine das Augenlicht wieder bekam. Die Kirche des Aureliusklosters ist oben (S. 31) beschrieben. Nach der Reformation kamen die Gebeine des Aurelius durch einen Grafen von Herrenzimmern auf dessen Schloß, von da nach Hechingen und endlich 1690 in das Kloster Zwiefalten, wo noch jetzt sein Haupt und Gebein aufbewahrt werden.

Wir betrachten nun den Grabstein. Auf demselben ist in halb erhabener Arbeit Aurelius mit der Bischofsmütze und dem Krummstab, das Gesicht gegen den Beschauer gerichtet, abgebildet. Das obere Stück des zersprungenen Steines ist stark beschädigt. Auf den vier Seiten steht die Inschrift:

> Anno benignitatis octingentesimo tricesimo,
> almi Praesulis Aurelii
> venerando corpore de Italia
> translato est eidem Hirsaugia
> suscipiendo fundata.

„Im Jahr der Gnade 830, als des ehrwürdigen Bischofs Aurelius heiliger Leib aus Italien gebracht wurde, ist zu

Tunnel durch den Schloßberg, Schauplatz der Waldeck-Sage. Um 1872.

Bahnhof und Ort Nagold. Um 1880.

dessen Aufnahme Hirsau gegründet worden." Nach der Schrift
zu schließen, mag der Stein aus dem 11. Jahrhundert stam=
men, etwa aus der Zeit, da die Aureliuskirche von Graf
Adelbert wieder hergestellt wurde. Der Stein wurde 1584
aus der Aureliuskirche in die Peterskirche (s. nachher) hinter
den Hochaltar versetzt. Bei der Zerstörung kam er unter den
Schutt der Kirche und wurde aus demselben 100 Jahre später
ausgegraben.

Der andere Grabstein ist vom Grafen Erlafrid von Calw,
dem Stifter des ersten Klosters, gestorben als Mönch zu
Hirsau 850. Auf seinem Grabstein ist das Wappen der
Grafen von Calw, auf dem Helm ein kahler Löwe (leo calvus)
auf drei Bergspitzen laufend. Im Schild ebenso, nur etwas
größer. Zwei (sehr beschädigte) Engel mit fein gearbeiteten
Flügeln tragen das Wappen mit ihren Händen empor. Die
Inschrift beginnt oben und ist unten abgebrochen. Sie lautete
vollständig:

Ab incarnatione Christi anno
octingentesimo XXX fundatum est hoc monasterium,
a generoso domino Erlafrido, comite de
Calw, cujus depositio agitur IV Cal. Februarii.

„Nach der Menschwerdung Christi 830 ist dieses Kloster ge=
gründet worden von dem Edlen, Erlafrid, Grafen von Calw,
dessen Beisetzung geschah am 29. Januar". Nach der Schrift (go=
thische Minuskeln, Mönchsschrift) mag der Stein aus dem
15. Jahrhundert stammen, und entweder von Abt Bernhard
1460—82 oder vom Abt Blasius 1484—1503 gesetzt worden
sein. Beide verwendeten viel Geld auf Bauwesen, namentlich
Blasius baute die steinerne Abtei, drei Seiten des Kreuz=
ganges und den Brunnen und ließ den Kreuzgang mit gemalten
Fenstern schmücken. Auch war es der Abt Blasius, der 1488
die Gebeine des heil. Aurelius unter großer Feierlichkeit aus
seinem Sarge nahm und an einen trockeneren Ort niederlegte.
Im Jahr 1499 brachte er die Gebeine wieder in den Sarg
hinter dem Hochaltar der Aureliuskirche, wo sie früher gelegen,
und ließ den Ort prächtig auszieren. Demnach ist wahrschein=
lich, daß er auch für das Gedächtniß des ersten Stifters des
Klosters, des Grafen Erlafrid, besorgt war und ihm diesen

Grabstein setzte. Der Grabstein wurde 1566 aus der Aurelius=
kirche in die Peterskirche versetzt und 1796 auf dem Boden
derselben ausgegraben.

Von den Grabsteinen wenden wir uns am Klosterkarzer
vorüber zu dem naheliegenden Belvedere. Die Aussicht gibt
uns zugleich ein geschichtliches Bild von Hirsau nach den drei
Zeiten der Klosterstiftung. Wir erblicken nämlich gerade gegen=
über die Pletzschenau, den ältesten Theil von Hirsau, wo einst
Helizena die Nazariuskapelle erbaute. Dort sehen wir auch
die Mühle, an welche sich die Sage von Heinrich III. knüpft.
Weiter zur Rechten erblicken wir den Viehhof, d. h. die Häuser=
gruppe, in welcher die Aureliuskirche, das alte Gebäude mit
vielen Dachläden steht. Diese Gruppe erinnert uns an die
Stiftung des Klosters durch Graf Erlafrid 830. Und endlich
unsre nächste Umgebung, die Ruine hinter uns, die Kirche
neben uns, geben ein Bild der dritten Periode des Klosters
vom 11. Jahrhundert an. Vom Belvedere kehren wir zurück
und richten unsere Blicke auf die Pfarrkirche, von Abt Johann II.
1508—16 im spätgothischen Stil gebaut. Das Eigenthüm=
liche derselben fällt schon von Außen auf, nämlich daß sie ein
zweites Stockwerk mit besondern Fenstern hat. In diesem
obern Stockwerk ist der alte Conventssaal, auch Bibliotheksaal.
Da die Führerin die Schlüssel zu Kirche und Biblioteksaal
nicht hat, so begnügen wir uns, in dieselbe hineinzusehen. Wir
gehen die außen angebrachte, zur Emporkirche führende Treppe
hinauf und blicken von der Empore herab in die Kirche. Die
Fenster sind dreitheilig. An den Seitenwänden sind 12 Wand=
pfeiler mit den Brustbildern der 12 Apostel. Auf diesen ruhte
früher ein steinernes Gewölbe, an dessen Stelle aber jetzt eine
hölzerne Decke gekommen ist. Gehen wir noch eine Treppe
höher, so können wir durch eine eiserne Thüre nothdürftig in
den Conventssaal blicken. In demselben stehen noch die alten
Bücherkästen, aber leider nicht mehr mit den Büchern der be=
rühmten Bibliothek, sondern mit Akten gefüllt, daher das Ka=
meralamt den Schlüssel zu diesem Saal hat. Die einst hier
befindliche Bibliothek wurde gegründet von Wilhelm, dem
bedeutendsten Abt des Klosters, gestorben 1091. Er war in
jeder Beziehung ausgezeichnet, durch Frömmigkeit wie durch
Gelehrsamkeit, durch praktisches Geschick wie durch organisato=

riſche Thätigkeit. Er erbaute 8 Klöſter, darunter das neue
Kloſter mit der Peterskirche in Hirſau, die Klöſter St. Georgen,
Erfurt, Zwiefalten, Weilheim u. T. und andere. Auch brachte
er viele verdorbene Klöſter wieder in guten Stand, daher er
ein eigentlicher Reformator des Benediktinerordens wurde. In
ſeinem Kloſter beſchäftigte er 12 Mönche mit Abſchreiben von
Büchern. Auch einige ſeiner Nachfolger waren für die Ver=
mehrung der Bibliothek bemüht. Leider iſt aber ſehr wenig
mehr von derſelben vorhanden. Den größten Verluſt erlitt
die Bibliothek am Schluß des 30jährigen Krieges, als der
katholiſche Abt Wunibald nach dem Abſchluß des weſtphäliſchen
Friedens von Hirſau flüchtete und Handſchriften, Urkunden und
Lagerbücher mitnahm. Er ließ ſich auf dem Weingarten'ſchen
Schloß Blumeneck nieder, und als bald darauf dies Schloß
niederbrannte, verbrannte auch alles, was er mitgebracht hatte.
Was etwa noch in Hirſau zurückgeblieben war, fand ſeinen
Untergang bei der Zerſtörung des Kloſters.

Wir betrachten nun den vom Kloſter allein noch übrigen
Kreuzgang. Dieſer bildet in der Hauptſache ein Viereck.
Um dies Viereck her ſtand das eigentliche Kloſter. Auf jeder
Seite des Kreuzgangs ſind 10 Fenſter, welche theils ganz
ausgebrochen ſind, theils noch das Maßwerk und die dreifache
Theilung zeigen. In den 40 Fenſtern waren einſt ſchöne
Glasgemälde. Martin Cruſius hat uns die Beſchreibung von
30 derſelben hinterlaſſen. Jedes Fenſter hatte in der Mitte
ein Bild aus dem Leben Jeſu, rechts und links eine altteſta=
mentliche, darauf bezügliche Geſchichte. Bemerkenswerth iſt,
daß gegen die Pfarrkirche hin, wo der Kreuzgang doppelſeitig
iſt, die eine Seite Rundbogen=Fenſter hat, wie der noch ſtehende,
romaniſche Thurm an ſeinen drei obern Stockwerken, alſo aus
älterer Zeit ſtammt. Als nach der Reformation das Kloſter
in eine evangeliſche Kloſterſchule umgewandelt wurde, diente
dieſer Kreuzgang den jungen Studenten zum Aufenthalt in
ihren Freiſtunden. Daneben waren ihre Schlafſtuben, daher
der Name Dorment für dieſen Kreuzgang. In dem Garten
des Kreuzganges ſtand ein Springbrunnen mit drei Becken
übereinander. Um denſelben waren Pfeiler mit Fenſtergeſtellen
und gleichfalls gemalten Fenſtern. Zwölf Bilder aus dem
Alten und Neuen Teſtament, von Brunnen handelnd, waren

darauf gemalt. Die zwei oberen Schalen des Brunnens stehen in Teinach. Die untere Schale des Brunnens, 2 m. im Durchmesser, sehen wir an dem Brunnen neben dem Pfarr=hause, an welchem wir jetzt vorüberkommen, um auch noch die Reste der Peterskirche zu sehen. Diese Kirche wurde im romanischen Stil, in Form eines lateinischen Kreuzes, von dem vorhin genannten Abt Wilhelm 1083—91 gebaut und am 2. Mai zu Ehren Jesu Christi und der heil. Apostel Petrus und Paulus eingeweiht. Die ganze Länge betrug 241', die Breite des Mittelschiffes, des Chorabschlusses und der Kreuz=arme 36', die Breite der Seitenschiffe 18'. Zwei Säulenreihen von je 7 Säulen trennten das Mittelschiff und die Seitenschiffe, jede Säule war von Einem Stein. Auf der Westseite standen zwei Thürme neben einander. Von den zwei Thürmen ist einer erhalten, seine Grundfläche hat 19,5' (5,6 m.) in Quadrat. Die Höhe beträgt etwas über 100' (30 m.). An den zwei unteren Stockwerken sehen wir verschiedene Rundbogenverzierungen, an den drei oberen gedoppelte Rundbogen=Fenster und unter dem Dache am Gesimse des obersten Stockwerks zieht sich die sogen. griechische Verzierung hin, eine Reihe halber Kreisbögen, die auf kleinen Tragsteinen ruhen. Auf dem Gesimse des zweiten Stock=werks läuft eine Reihe roh gearbeiteter Figuren um den Thurm, deren Deutung zweifelhaft ist. 1. Gegen Norden ein Mönch mit geschorenem Haupt, ein Rad, ein Bock und eine kleine Menschengestalt, zu beiden Seiten Löwen. 2. Gegen Westen ein Mann, welcher kniet und seine rechte Hand vor die Augen hält (ein Blinder), rechts und links Hirsche, dann Löwen. 3. Gegen Süden ein sitzender Arbeiter in Laientracht mit lockigem Haupthaar (sogen. Oblate) der mit beiden Händen den mittleren Pfeiler trägt. Hirsche und Löwen sind wieder zu beiden Seiten. Die 8 Löwen, von welchen je zwei an den Ecken mit ihren Köpfen zusammenhängen, beziehen sich ohne Zweifel auf die Grafen von Calw, welche den Löwen im Wappen haben. Die Hirsche bezeichnen Hirsau. Nach Krieg von Hochfelden wäre die freie Uebersetzung dieser Hieroglyphen=schrift: „Das Kloster Hirsau, durch die Grafen von Calw ge=stiftet und mit Leuten (kleine Menschengestalt), Aeckern (Rad) und Heerden (Bock) begabt, erbaute diese Kirche durch seine Mönche und Oblaten an jener Stelle, wo der heil. Antonius dem Blinden das Angesicht wiedergab." Der Thurm hat im untern Theil eine gut erhaltene Wendeltreppe, weiter hinauf eine hölzerne, von der K. Regierung 1839 angelegte Treppe. Oben hat man einen schönen Ueberblick über das Hirsauer Thal und über das Seitenthal des Schweinbachs, durch welches die Straße nach Calmbach und Wildbad bergan führt. In diesem Thal liegt die Löffelfabrik von Beeri (Löffel von Eisen und verzinnt). An der Straße nach Liebenzell und Pforzheim liegt die Ziegelei von Horlacher, weiterhin sehen wir Ernst= mühl. — Wir betrachten nun, was vom Schiff der Peters= kirche noch übrig ist. Zur Linken steht die nördliche Mauer noch 7—10' (2—3 m.) hoch, zur Rechten die südliche Mauer nur noch 2—3'. Vor uns haben wir den viereckigen Chor= abschluß auch noch in der Höhe der nördlichen Mauer. Auch die kurzen Kreuzarme, namentlich den nördlichen erkennen wir noch, an demselben waren zwei rundbogige Eingänge, die be= sonders von Außen (vom Pfarrgarten) zu betrachten sind. Dort sieht man auch den Sockel und ein Stück vom Gesimse. Zwischen dem nördlichen Kreuzarm und dem Chorabschluß steht die Ruine einer angebauten Kapelle, die vom Hauptbau wohl zu unterscheiden ist. Es ist die Kapelle des Riesen, in welcher die ledernen Kleider eines Riesen und dessen Stab, bestehend in einem runden Balken, aufbewahrt wurden. Die Kapelle, mit achteckigem Chorabschluß, wurde im 14. Jahrhundert ge= baut. Endlich bemerken wir noch an der Stelle, wo der Hoch= altar der Peterskirche stand, eine viereckige Ummauerung mit Fallthüre. Hier ist eine Gruft, in welcher die Gebeine, die im Jahr 1835 beim Aufräumen des Schuttes gefunden wor= den, in einem Sarge beisammen liegen. Die Grabsteine, welche damals gefunden wurden, stehen neben einander an der Pfarr= kirche, es sind zum Theil Wappen auf denselben, 5 Sterne, eine Lilie, ein Menschenkopf.

Daß diese Stätte vergangener Herrlichkeit schon mehrfach besungen worden, ist bekannt. Wir erinnern nur an L. Uhland's Gedicht:

Zu Hirsau in den Trümmern, | Er wurzelt tief im Grunde
Da wiegt ein Ulmenbaum | Vom alten Klosterbau;
Frisch grünend seine Krone, | Er wölbt sich, statt des Daches,
Hoch über'm Giebelsaum. | Hinaus ins Himmelsblau.

Die Klosterkirche St. Peter zu Hirsau.
Grundriß.

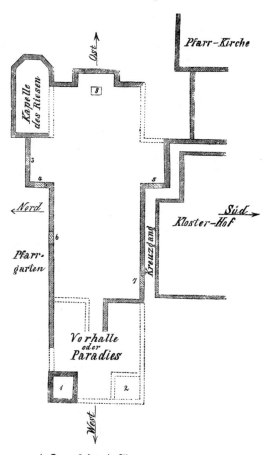

1. Der noch stehende Thurm.
2. Schutthügel des andern Thurms.
3. 4. 5. 6. u. 7. Ehemalige Thore.
8. Gruft.
Das Schraffirte, sind bestehende Mauern.
Das Punktirte, sind nicht mehr vorhandene Mauern.

Zum Schluß stellen wir noch die einzelnen Gebäude des Klosters Hirsau nach den Perioden der Baukunst zusammen:

1. Dem romanischen oder Rundbogenstil gehören an: die Aureliuskirche, gebaut 830—38, erneut 1059—71, die Peters=kirche mit dem noch stehenden Thurm, gebaut 1083—91.

2. Dem gothischen oder Spitzbogenstil gehören an: die Kapelle des Riesen, gebaut im 14., der Kreuzgang im 15., die Pfarrkirche oder Marienkapelle, am Anfang des 16. Jahr=hunderts.

3. Dem Renaissancestil gehört an: das Schloß, auch Prälatur genannt und der achteckige Thurm auf dem Schloß=berg, zu Ende des 16. Jahrhunderts.

Wer noch genauer mit Hirsau bekannt werden will, den verweisen wir auf: Steck, das Kloster Hirsau, 1844, zu haben bei Oelschläger in Calw, mit zwei Ansichten des Klosters, wie es ehmals war und wie es jetzt ist.

3. Calw bis Nagold. Die Bahn im Schwarzwald.
(5 Stunden.)

Die Bahn läuft ganz im Nagoldthal, von Nord nach Süd. An den steil ansteigenden Ufern sehen wir die dunkeln Tannenwälder, bisweilen tritt der bunte Sandstein, auf dem diese Tannenwälder stehen, zu Tag. Bei Nagold kommen wir wieder in den Muschelkalk. Die Bahn läuft in der Haupt=sache auf dem rechten, östlichen Ufer, geht aber dreimal auf das linke Ufer über, um die starken Krümmungen der Nagold abzuschneiden, daher sechs Nagoldbrücken. Auch waren um dieser Krümmungen willen fünf Tunnel nöthig. Ferner mußte das Beet der Nagold zehnmal verlegt werden. Anfangs geht die Bahn eben, steigt in der Mitte etwas, gegen das Ende stärker, im Ganzen von 1205′ (Calw) — 1472′ (Nagold).

Beim Abfahren vom Bahnhof in Calw sehen wir rechts im Thal die Wöhrle'sche Wollspinnerei=Fabrik, fahren sodann über die erste Nagoldbrücke, 180′ (51,5 m.) auf 2 Ortpfeilern, blicken dabei links nach Tanneneck, Baumwollspinnerei von Stälin und Sohn, an der Calw=Nagolder=Straße liegend.

Gleich nach der Brücke folgt der Rudersberger Tunnel, in welchem die Bahn ein wenig steigt. Von der alten Burg Rudersberg, unter welcher wir durchfahren, ist nur noch ein Graben übrig. Der Tunnel führt durch den bunten Sandstein und ist 1665' (477 m.) lang, der längste im Nagoldthal. So bald wir das Tageslicht wieder erblicken, führt unmittelbar vom Tunnel aus eine 474' (135,8 m.) lange Brücke mit zwei Zwischenpfeilern und drei Oeffnungen von je 150' lichter Weite über die Straße und über die Nagold. Die Pfeiler liegen parallel mit der Stromrichtung, unter einem Winkel von 45° zur Bahnachse. Die Höhe über der Nagold beträgt 35' (10 m.). Den Oberbau bilden eiserne Gitterbalken. Die Brücke ist wie die andern eisernen Brücken der Schwarzwaldbahn aus der Eßlinger Maschinenfabrik. Von der Brücke aus sehen wir links die zweite größere Baumwollenspinnerei von Stälin und Sohn, auf Stammheimer Markung stehend. Dieselbe bietet Nachts bei Beleuchtung, auf dem Hintergrund der dunklen Tannenwälder, einen prächtigen Anblick. Rechts erblicken wir in unscheinbarer Gestalt ein Kirchlein, das durch sein hohes Alter berühmt ist, die Kentheimer Kirche, ursprünglich dem heil. Candidus geweiht, daher der Name des Dörfleins Kentheim. Die Kirche stammt aus der ersten romanischen Zeit, was man von der Bahn aus an den fünf kleinen, rundbogigen Fenstern der Südseite bemerken kann. Auch von den spätern gothischen Veränderungen kann man etwas sehen, nämlich die spitzbogige Thüre und das Kreuz auf dem Giebel des Langhauses. Für Alterthumsfreunde, welche die Kirche auch im Innern sehen wollen, fügen wir noch weiter bei: Im Innern des Langhauses sind an der nördlichen Wand Reste frühester Malerkunst, welche schon übertüncht waren und nun wieder aufgedeckt sind. Im Langhaus stehen ferner ein runder, hohler Taufstein, durch seine Größe sprichwörtlich geworden, zu beiden Seiten zwei Altäre. Auf dem Boden einige Grabsteine, darunter ein Leutpriester Klenk von Zavelstein 1501. Ein spitzbogiger Triumphbogen führt vom Langhaus in den Chor. Im Chor mit Tonnengewölbe sind ebenfalls Freskobilder im romanischen Geschmack noch deutlicher sichtbar; und zwar über dem Chorbogen die Verkündigung Mariä mit Spruchbändern, am Gewölbe Christus auf doppeltem Regenbogen, in den vier Ecken die Symbole der vier Evangelisten, an der östlichen Wand Christus mit erhobener Rechten und zwei männliche Gestalten, Moses und Johannes. In der Sakristei mit Tonnengewölbe ein alter Altartisch. Außerhalb der Kirche ist noch zu beachten: Am Eingang zwei Weihkessel. In der Kirchhofmauer eine rundbogige Nische mit Altar. An der äußeren nördlichen Wand der Kirche gegen die Straße Spuren von Freskobildern: Christus am Kreuz, zu beiden Seiten je zwei Figuren. An der Sakristei uralte Fratzenköpfe.

Bald nach der Kentheimer Brücke führt die Bahn über eine kürzere Brücke, die Kanalbrücke, sodann zieht sie sich am Fuß der bewaldeten Bergabhänge hin, wobei wir am Kentheimer Anschnitt mit 130' und am Dickener Anschnitt mit 100' Höhe vorüber kommen. Der letztere hat seinen Namen vom Hof Dicke, welcher auf der Höhe liegt. Auf dieser Strecke von Kentheim bis Teinach war es, wo der Sturm vom 26. Oktober 1870 in den Tannenwäldern, namentlich zur Linken auf dem östlichen Ufer, schrecklich gewüthet und die Tannen stellenweise wie Gras niedermähte, daß sie theils entwurzelt, theils gebrochen über einander lagen. Bald öffnet sich rechts, auf dem westlichen Ufer, ein Thal, durch welches die Teinach, ein kleines Wasser, der Nagold zufließt. Beim Einfluß in die Nagold, bei der sogenannten Herrschaftsbrücke steht

Die Station **Teinach**. Der Ort mit 411 Einwohnern, Filial von Zavelstein, ist eine starke halbe Stunde aufwärts im Thal gelegen und als Bad berühmt. Ein Omnibus führt von der Station zum Ort. Das liebliche Schwarzwaldthal zeigt uns bald im Hintergrund die ansehnlichen Ruinen der Burg Zavelstein. Wir gehen durch das Dorf hindurch und kommen am Ende desselben zu dem „Königlichen Bad". Dies besteht aus einem Complex von 11, meist durch Glasgänge verbundenen Gebäuden. In der Kirche, 1665 unter Herzog Eberhard III. gebaut, ist der Altarschrank merkwürdig, die sogenannte Turris Antonia, ein kabbalistisches, von der Prinzessin Antonia gestiftetes Gemälde. Es stellt vor die Dreieinigkeit, die sieben Geister Gottes und Christus. Ueber dem Mittelbild steht hebräisch Ps. 37, 4.: „Habe deine Lust an dem Herrn, der wird dir geben, was dein Herz wünschet". Unter demselben ebenfalls hebräisch der Name der Stifterin und die

Zahl 2,005, welche kabbalistisch den Namen der Prinzessin bedeutet. Ferner werden hier zwei schöne, gothische Brunnenaufsätze von dem oben beschriebenen Brunnen in Hirsau aufbewahrt. Auch der Dorfbrunnen des Orts stammt vom Kloster Hirsau. Eine genauere Beschreibung von Teinach und Zavelstein unterlassen wir, da ein besonderes Schriftchen: das Königliche Bad Teinach von Dr. Wurm, Badearzt, zur Eröffnung der Bahn in 3. Auflage erschienen ist. Dasselbe wird jedem Reisenden von dem Besitzer des Bades, Buchhändler Karl Hoffmann, unentgeldlich gegeben. In demselben sind auch vier Ansichten und eine Karte der Umgegend enthalten.

Nach der Station Teinach überschreitet die Bahn alsbald die Nagold auf eiserner Brücke mit Bogenfachwerk von 160' (45,8 m.) Länge und 60° Schiefe, führt dann in den Schloßbergtunnel 983' (281 m.) und geht nach demselben auf ähnlicher Brücke wieder über die Nagold. Der Schloßberg bildet einen schmalen, langen Bergrücken, um welchen die Nagold in langem Bogen herumläuft. An der Wendung des Bogens liegt im Thal der Hof Waldeck, und auf der äußersten Spitze des Bergrückens die Ruine des Schlosses Waldeck, welche noch sehr bedeutend ist und einen Gang hinauf wohl lohnt. Kommt man von Westen her zu der Ruine, so trifft man noch fünf Gräben, welche nacheinander quer über den Bergrücken laufen. Der erste ist als Geigerles Lotterbett bekannt. Ein Musikant im vorigen Jahrhundert soll hier sein Nachtlager gehabt haben. Innerhalb der eigentlichen Schloßmauer stehen noch hohe Mauern von den Schloßgebäuden. Ein viereckiger Thurm an der Südseite ist noch gut erhalten. Oestlich von der Burg, wo der Berg abfällt, ist nur ein Graben. Die Burg gehörte den Edlen von Waldeck, welche Dienstmannen und Truchsesse der Grafen von Calw waren. Kaiser Rudolph von Habsburg zog gegen die Herren von Waldeck und zerstörte ihre fünf Burgen, weil sie den Landfrieden nicht hielten. Rudolphs Schwager, Graf Albrecht von Hohenberg, erbaute dafür eine neue Burg auf dem Schloßberg. Hören wir auch

Die Sage von Waldeck.

In alter Zeit bewohnte ein Graf mit seiner Tochter Grümhildis das Schloß Waldeck. Der Graf zog mit seinen

Knechten auf den Raub aus; wenn sie einen Gefangenen heim=
brachten, wurde er in den 65 Klafter tiefen Thurm hinabge=
haspelt, die geraubten Schätze aber wurden eine Strecke weit
in den Thurm hinabgelassen und dann in Seitenkammern auf=
bewahrt. Eines Tags brachten sie einen Kaufmann als Ge=
fangenen. Als dieser hinabgehaspelt war, dachte Grümhildis
auf dessen Rettung. Sie band 390 Sprossen an ein Seil
und darauf stieg der Gefangene aus dem Thurm. Aber als
er beinahe oben war, kam der Graf wieder von einem Raub=
zug heim. Der Kaufmann konnte sich kaum noch in ein Faß
oben im Thurm verstecken. Der Graf brachte einen Gefangenen
mit, der ebenfalls hinabgehaspelt wurde. In diesem erkannte
der Kaufmann seinen Vater und half ihm sofort aus dem
Thurm heraus, als der Graf wieder fort war. Dießmal
wollte der Graf einen französischen General überfallen, der mit
seiner Tochter vorüberreiste. Aber der General hatte eine Be=
deckung von 12 Mann bei sich, und der Graf mußte sich nach
heftigem Kampf, bei dem er selbst am Arm verwundet wurde,
zurückziehen, und nahm seinen Weg durch den Maulwurf, einen
unterirdischen Gang, der vom Schloß bis zur Straße hinab=
führte. Im Schloß mündete der Gang in den Thurm. Nun
waren aber im Schloß der Kaufmann und dessen Vater die
Herren der Lage. Als daher der Graf bis zur Thüre im
Thurm kam, und das Zeichen gab, daß man ihn heraufhasple,
mußte er mit Schrecken sehen, daß oben seine zwei letzten Ge=
fangenen, die er längst todt glaubte, und bei ihnen seine Tochter
Grümhildis, standen. Nun wurde unterhandelt. Grümhildis
bat für ihren Vater. Der Kaufmann machte vor allem zur
Bedingung, daß der Graf und seine Knechte ihre Waffen auf
das Brett des Haspels legten, ehe einer von ihnen heraufge=
zogen würde. Als dies geschehen und die Waffen sodann vom
Brett in die Tiefe hinabgeschüttelt waren, zogen sie den
Grafen heraus. Kaum war derselbe oben mit seinem zer=
schmetterten Arm angekommen, so ging ein Lärm im Maul=
wurf an. Der französische General war mit seinen Begleitern
dem Grafen in den Maulwurf nachgegangen, und hatte nun
die Knechte des Grafen erreicht. Es entstand ein Kampf,
wobei mehrere von beiden Theilen in den Thurm hinabstürzten.
Der General wurde nun auch heraufgezogen. Seine Tochter

aber, welche mit Begleitung auf der Straße wartete, wurde
über die Zugbrücke ins Schloß geholt. Indessen hatte eine
alte Dienerin, welche in der gefährlichen Stunde vom Kauf=
mann gebunden worden war, damit sie nicht dem Grafen Hilfe
leiste, von ihren Banden sich losgemacht, schlich sich in die
Pulverkammer und warf Feuer in dieselbe. Mit schrecklichem
Gekrach flog das Schloß in die Luft. Grümhildis, deren
Kammer gerade über der Pulverkammer war, wurde todt ge=
funden, ebenso der Graf und der alte Kaufmann. Dagegen
kam der General und seine Tochter mit dem Leben davon,
ebenso der junge Kaufmann. Dieser hatte sich nur für einen
Kaufmann ausgegeben, und gab sich jetzt als Graf zu erkennen.
Sie packten nun mit einander die Schätze des Schlosses auf
sechs Handpferde, und verbrannten die Leichname mit dem Reste
des Schlosses. Wie sie weiter zogen, sahen sie aus den Flammen
eine silberne Schlange mit goldener Krone aufsteigen. Noch
jetzt soll Grümhildis ihre Wohnung auf Waldeck haben und
als die Jungfrau im Schacht auf ihre Erlösung warten. Man
habe sie schon gesehen als Jungfrau mit goldenen Haaren oder
als Schlange mit glänzenden Schuppen. —

Nach dem Schloßbergtunnel haben wir zur Rechten den
Weiler Kohlersthal, Filial von Neubulach, von Obstbäumen
umgeben. Bald darauf folgt die Bulacher= oder Thalmühle,
in welcher eine gute Wirthschaft zu treffen ist, daher von
Teinach oft Ausflüge dahin gemacht werden. Auch der gleich
nachher erscheinende Weiler Seitzenthal ist Filial von Neubulach.
Von hier führt durch das Ziegelbachthal ein Sträßchen nach
Neubulach, Städtchen mit 619 Einwohnern, bekannt durch die
in früherer Zeit betriebenen Silber= und Kupferbergwerke. Der
Hauptstollen war im Ziegelbachthal. Der Bulacher Bergbau
stand in seiner Blüthe im 14. Jahrhundert, als Bulach kur=
pfälzisch war und der Bergbau besonders von Ruprecht von der
Pfalz, dem nachherigen deutschen König, betrieben wurde. Seit
Bulach zu Württemberg gehört, nahmen sich die Herzoge Ulrich,
Christoph und Friedrich des Bulacher Bergbaues an. Im
vorigen Jahrhundert und noch 1820 wurden Versuche von
Bergwerksgesellschaften gemacht, es kam aber nie viel Gewinn,
oft mehr Schaden heraus, und so wurde der Bergbau einge=
stellt. In der Nähe von Bulach sieht man noch viele ver=

fallene Schächte und eine Menge losgebrochener Gangmasse. Kieselsandstein mit Kupferlasur, Quarz und Schwerspathkrystalle, Rauchtopase u. a. liegt hier in großer Menge zu Tag. Seitzenthal ist der letzte Ort Calwer Oberamts. Wir haben nun zu beiden Seiten das Oberamt Nagold, das auf dem östlichen Ufer schon etwas früher angefangen hat. Jetzt nähern wir uns dem dritten Nagoldtunnel, vor welchem wir aber wieder die Nagold überschreiten, auf einer Brücke von 175′ (50 m.) Spannung und 45° Schiefe. Der Kengeltunnel 789′ (226 m.) lang führt in einer Krümmung von 1600′ Halbmesser durch den Bergvorsprung. Vom Kengeltunnel bis zum Wildberger Tunnel bleibt die Bahn auf dem westlichen Nagoldufer. Wir sehen zur Linken jenseits der Nagold ein größeres Gebäude, die Gültlinger untere Papiermühle (Pappendeckel-Fabrikation). Hier mündet das Agenbachthal, das weiter oben sich gabelt, und rechts nach dem Pfarrdorf Sulz und links nach dem Pfarrdorf Gültlingen führt. Auch eine Sägmühle steht an der Nagold. Gleich nach der Papiermühle erblicken wir einen schönen, bunten Sandsteinbruch, welcher Material zu Bauwerken, besonders zur neuen Kirche in Nagold liefert. Jetzt erscheint Wildberg auf einem Vorsprung des westlichen Ufers mit einer kleinen Vorstadt auf dem östlichen Ufer. Die Station liegt unmittelbar vor dem Tunnel. Um Raum für die Station zu gewinnen, wurde hier der Nagold, welche einen großen Bogen machte, ein kürzeres Beet angewiesen.

Station **Wildberg,** 1287′ über dem Meer. Wildberg, evangelische Stadt mit 1453 Einwohnern, früher Oberamtsstadt, jetzt Sitz eines Forstamts und Kameralamts. Die Stadt liegt auf einem schmalen Bergrücken, der von der Nagold umflossen ist. Die Altstadt war stark befestigt und ist noch jetzt mit einer dicken Mauer umgeben. An der südlichen Ecke der Altstadt steht das Schloß, das selbst auch befestigt war. Das alte Schloß brannte 1618 ab. Auf dem stehen gebliebenen Unterstock wurde das jetzige Gebäude erbaut. Die Reste des alten Schlosses zeugen von romanischem Ursprung. Bis zum Jahr 1807 wohnten die Vögte und Oberamtleute in dem Schloß, jetzt ist es Sitz des Forstamtes. Die Kirche stammt aus verschiedenen Zeiten, der untere Theil des Thurms aus der romanischen, der Chor aus der spät gothischen; das

Schiff dagegen wurde 1772 erbaut. Ein altes Gebäude ist das Rathhaus mit reichem, eichenem Holzbau, 1480 gebaut. In den Fenstern der großen Rathsstube sind acht Glasgemälde, meist mit Wappen aus dem 16. Jahrhundert. — In Wildberg wurde 1865 von Ihrer Majestät der Königin Olga das Haus der Barmherzigkeit gegründet zur Aufnahme alter, gebrechlicher Leute. Dasselbe hat 25 männliche und 8 weiblichen Pfleglinge, welche Schreibhefte, Briefcouverte u. a. fertigen. Daß in Wildberg einst eine römische Niederlassung war, dafür zeugt ein römischer Altar, welcher 1583 hier gefunden wurde und in der K. Alterthumssammlung in Stuttgart aufbewahrt ist. Auf den vier Seiten desselben ist Diana, Apollo, Viktoria, Silvan. Auch eine 7' hohe, männliche Statue, ein Priester mit langem Bart, kam schon 1698 von Wildberg in die Alterthumssammlung nach Stuttgart.

Nach der Station Wildberg fahren wir in den Tunnel 884' (253 m.) ein und sehen bei der Ausfahrt aus demselben noch einmal Wildberg von der Südseite. Im Thal liegt zur Linken das Kameralamt Reuthin, mit einer Mauer und großem Garten umgeben. Hier stand einst das Dominikaner-Nonnenkloster Reuthin, welches 1824 mit Kirche und allen Mobilien und Akten niederbrannte. Vom ehemaligen Kloster sind nur noch einige Grabplatten übrig. Die ältesten rühren von den Grafen von Hohenberg, den Stiftern des Klosters, darunter Otto, gestorben 1299. Unter den Priorinnen und Nonnen waren viele adelige Fräulein aus der Familie von Hohenberg, von Kirchberg, von Gültlingen, von Friedingen, von Ehingen u. a. — Jetzt fahren wir auf der sechsten Brücke von 175' (50 m.) Spannung und 45° Schiefe über die Nagold und bleiben nun vollends auf dem östlichen Ufer. Von diesem Ufer erstreckt sich ein schmaler Ausläufer, der Bettenberg, gegen Westen und wird von der Nagold umflossen. Der fünfte Tunnel 580' (166 m.) führt uns unter demselben durch. Vor und nach demselben sind tiefe Einschnitte. Auch mußte vor und nach demselben die Nagold mehr gegen Westen verlegt werden. In der Nähe des Bettenbergs wurde in einem Steinbruch an der Kreuzung von Schwarzenbach- und Staatsstraße eine antike silberne Gesichtsmaske gefunden (K. Alterthums-Sammlung). Ein anderer Fund, Waffen und Gebeine, wurde im Haslach=

Einschnitt, 80' hoch gemacht, dieser folgt bald nach dem Betten=
berg=Tunnel.

Station **Emmingen,** auf einer 68' hohen Aufdämmung.
Emmingen, evangelisches Pfarrdorf mit 649 Einwohnern, seit
1854 mit dem gegenüber liegenden Pfrondorf zu einer Pfarrei
vereinigt, welche zunächst von einem ständigen Pfarrverweser
versehen wird. Bei Pfrondorf wurden schon Reihengräber
aufgedeckt und römische Münzen gefunden, wie denn auch
mehrere Römerstraßen durch die Gegend um Nagold führten.
— Von Emmingen fahren wir zunächst über die Brühloch=
klinge auf 70' hohem Damm, und nahe bei Nagold über den
kleinen Röthenbach. An dessen Ursprung liegt $\frac{1}{4}$ Stunde
oberhalb der Bahn das Röthenbacher oder Nagolder Bad. Es
hat eine liebliche, stille Lage zwischen Tannenwäldern. Sein
Wasser kommt aus dem Muschelkalk, gehört zu den süßen
Wassern und enthält Kalk= und Bittererde=Salze. Das Bad
kann etwa 15 Personen beherbergen und wird besonders von
Nagold und der Umgegend besucht. Im 30jährigen Krieg
war das Bad abgegangen; im Jahr 1726 wurde es wieder
aufgesucht und auf höheren Befehl von Physikus Brodbeck in
Herrenberg untersucht und beschrieben.

Station **Nagold,** 1477' über dem Meer. Nagold,
evangelische Oberamtsstadt mit 2956 Einwohnern, liegt an
dem spitzigen Winkel, welchen die Nagold macht, indem sie sich
plötzlich gegen Norden wendet, um noch länger im Schwarz=
wald bleiben zu können. In den spitzigen Winkel hinein schiebt
sich der Schloßberg mit den Ruinen der Burg Hohen=Nagold,
welcher mit seinem saftig grünen Laubwald gegen die dunkeln
Tannenwälder der umgebenden Berge angenehm absticht und
eine Zierde der Gegend bildet.

Die Stadt wird schon sehr frühe genannt, 773 villa
Nagalta, 786 villa Nagaltuna, später Nagelta. Das Wappen
ist ein durch zwei Felder gehender, aufrechter Nagel. Die
Oberherren der Stadt waren bis in die Mitte des 13. Jahr=
hunderts die Grafen von Tübingen, dann etwa 100 Jahre
lang die Grafen von Hohenberg. An Württemberg kam Nagold
1363. — Das Innere der Stadt ist unregelmäßig und von
engen Straßen durchzogen. Nur die Hauptstraße ist breiter.
Die Gebäude sind meist alt. Bei einem Brande in der Nacht

4

vom 22.—23. September 1850 brannten 28 Gebäude nieder.
Der Brand entstand hinter dem Gasthaus zum Hirsch. —
Die Kirche, welche wegen Baufälligkeit dem Abbruch geweiht ist,
wurde 1360 im frühgothischen Stil gebaut. In derselben
ist ein sehr alter, achteckiger Taufstein mit den Symbolen der
4 Evangelisten: Engel, Löwe, Adler, Stier. In der unter
dem Chor befindlichen Gruft sollen die Grafen von Hohenberg
beigesetzt sein. Die neue Kirche, welche der Staat zu bauen
hat, kommt in die Nähe des Bahnhofs zu stehen. Der Grund=
stein wurde 17. Oktober 1870 gelegt. Die Kirche wird nach
dem Bauplan von Oberbaurath Landauer in einfach gothischem
Stil gebaut und bekommt die Gestalt eines Kreuzes. Das
ganze Gebäude soll 150' lang, der Thurm 213' hoch werden.
In der Nähe der Kirche ist ein Haus zum Dekanathaus an=
gekauft worden. — Auf dem Gottesacker am Berge steht die
„Oberkirche", oder Kirche zu den Nonnen. Dieselbe hat noch
Spuren des romanischen Stils, einen runden, von romanischen
Säulenbündeln ausgehenden Triumphbogen, zwischen Langhaus
und Chor, ferner einen Rundbogen, der vom Langhaus in eine
Seitenkapelle führt. Der Thurm hat im untern Stockwerk
romanische Fenster. — Das Rathhaus ist vom Jahr 1756.
Vier Glasgemälde mit Wappen von Vögten stammen aus dem
Ende des 16. Jahrhunderts.

Die Einwohner treiben hauptsächlich Feldbau und Vieh=
zucht. Unter den Gewerben sind besonders Tuchmacher, Zeug=
macher, Gerber vertreten. Aus älterer Zeit werden aus Nagold
stammend genannt der Philosoph Friese, 1589 in Helmstädt,
der niederländische Admiral Bürkle, gestorben 1697. Aus
neuerer Zeit nennen wir Heinrich Zeller, geboren 1794. Zu=
erst Apotheker, widmete er sich später ganz den Naturwissen=
schaften. Als Freund von Dr. Barth lieferte er in dessen
Jugendblätter manchen Beitrag, wie z. B. die Monatsbilder
der Naturreiche, welche besonders erschienen sind. Er starb
in Nagold 12. Februar 1864.

Die Burg Hohen=Nagold gehörte den Grafen von Hohen=
berg und stammt, nach der Bauart der beiden noch stehenden
Thürme zu schließen, aus dem 12. oder 13. Jahrhundert. Im
30jährigen Kriege war sie stark beschädigt worden, und wurde
daher abgebrochen. Doch stehen noch bedeutende Ruinen, zu

******++++++++++++********++++++++++++++
Mönchs Posthotel
Dobler Straße 2
76332 Bad Herrenalb
Telefon 07083-7440
Teletax 07083-44122
*****++++ ++++****++++++++++++++++****

nnung : 2971
nummer : 4730   Datum :20.09.2002
ch : 8/0

ge	Bezeichnung	Preis
2	Torte	6,00
1	Tasse Hag	1,90
2	Tasse Kaffee	3,80

me Euro   11,70
Mehrwertsteuer   1,61
tobetrag   10,09

zahlung   11,70

bediente Sie Ines Zierau

elen Dank fuer Ihren Besuch!

welchen von der Stadt ein schön angelegter Weg führt. Der Botaniker findet auf demselben reiche Ausbeute. Die Burg war durch einen Graben in die Vorburg und innere Burg getheilt. Die ehemalige Vorburg wird jetzt als Ackerland benützt. Von hier führt ein Erddamm (einst eine Zugbrücke) zu der inneren Burg. Der Burghof, mit rundbogigem Eingang, bildet beinahe ein gleichschenkliges Dreieck und ist mit einer starken Mauer umgeben. An der Südseite steht ein runder, 70′ hoher Thurm. An der Erdfläche ist die 7′ dicke Mauer durchbrochen, daß man in denselben hineingehen kann. An der nordwestlichen Ecke steht ein weiterer, runder, 50′ hoher Thurm, an dessen oberem Rande ein romanisches Rundbogenfries herumläuft; im untern Stockwerk enthält er ein hohes Gewölbe. An der Ostseite der Burg stehen die Reste des Wasserthurmes, in dessen Mitte sich ein tiefer, jetzt größtentheils verschütteter Brunnen befindet, aus welchem das Wasser mit einem Tretrade geschöpft wurde.

Von den mancherlei Spuren römischer Niederlassungen nennen wir den Krautbühl, ursprünglich Heidenbühl, einen etwa 30′ hohen und 160′ im Durchmesser haltenden, künstlich aufgeworfenen Hügel in der Thalebene, südwestlich von der Stadt. Er scheint ein römischer Wachhügel zur Deckung der Nagoldstraße gewesen zu sein. Es wurden auf demselben Bruchstücke von römischen Gefäßen gefunden.

Der Bau der Schwarzwaldbahn.

Der Bau wurde in Angriff genommen in Folge des Gesetzes vom 13. August 1865. Zweimal erlitt der Bau Unterbrechung beim Ausbruch der beiden Kriege im Jahr 1866 und 1870. Oberingenieur war Oberbaurath v. Abel. Bezirksingenieure waren die Bauinspektoren: Heugelin in Leonberg, Hennings in Weil der Stadt gegen Leonberg, Daser in Weil der Stadt gegen Althengstett, Sapper und Bock in Calw, Hermann in Nagold. Die Hochbauten von Zuffenhausen bis Calw wurden von Bauinspektor Schurr, von Calw bis Nagold von Bauinspektor Krauß ausgeführt.

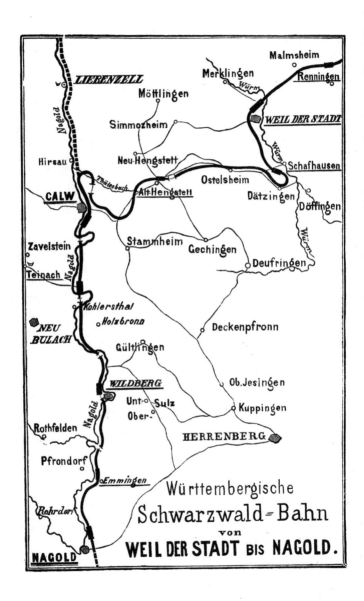

Württembergische
Schwarzwald=Bahn
von
WEIL DER STADT BIS NAGOLD.